westermann

EinFach
Deutsch

Hans Joachim Schädlich

Der Sprachabschneider

Bilder von Amelie Glienke

Erarbeitet von
Katharina Kaiser

Herausgegeben von
Johannes Diekhans

Lizenzausgabe mit freundlicher Genehmigung der
Fischer Sauerländer GmbH
Erschienen 1980 bei Rotfuchs, einem Imprint von
Fischer Sauerländer

Druck A[8] / Jahr 2025
Alle Drucke der Serie A sind im Unterricht parallel verwendbar.

Druck und Bindung: Westermann Druck GmbH,
Georg-Westermann-Allee 66, 38104 Braunschweig

ISBN 978-3-14-**022684**-4

Hans Joachim Schädlich: Der Sprachabschneider

Text 4

Anhang 58

1. Der Autor Hans Joachim Schädlich 58

2. Geheimnisvolle Sprachen und allerlei Sprach-Merkwürdiges 68

2.1 Geheimsprachen 69

Die B-Sprache 69

Die Löffelsprache 70

Die Hühnersprache 72

Die Fingersprache 74

2.2 Geheimnisvolle Gedichte 76

Christian Morgenstern: Gruselett 76

Hugo Ball: Karawane 77

Michael Ende: Schnurpsenzoologie 78

James Krüss: Das Feuer 80

2.3 Ein Tisch ist keine Hose 82

Peter Bichsel: Ein Tisch ist ein Tisch (Erzählung) 82

3. Texte zum Vergleich 89

James Krüss: Timm Thaler oder das verkaufte Lachen (Romanauszüge) 90

Lewis Carrol: Alice hinter den Spiegeln (Romanauszüge) 105

Brüder Grimm: Rumpelstilzchen (Märchen) 119

4. Grammatische Begriffe 126

5. Tipps für den Unterricht 134

5.1 Eine Figur charakterisieren 134

5.2 Einen inneren Monolog verfassen 137

5.3 Eine Traumerzählung schreiben 139

5.4 Ein Standbild bauen 141

Der Sprachabschneider

Montags, dienstags, mittwochs, donnerstags, freitags und sonnabends[1] klingelt genau neben Pauls Ohr pünktlich um sechs Uhr dreißig der große Wecker so laut, dass Paul glaubt, er träume von einem großen lauten Wecker, der genau neben seinem Ohr klingelt. Weil es aber, glaubt Paul, ein Traum ist, dreht er sich auf die andere Seite und will weiterschlafen. Weil aber der Wecker in Pauls Traum so laut klingelt, dass Paul wach geworden ist, wird Paul wach, dreht sich um und sieht pünktlich um sechs Uhr einunddreißig auf den Wecker, der gerade geklingelt hat. Der Wecker klingelt ja gar nicht, denkt Paul. Hab ich also doch geträumt.

Was müsste Paul jetzt tun, überlegt Paul.

---

[1] sonnabends: samstags

Er überlegt eine Weile, dann fällt es ihm ein: den Oberkörper aufrichten, die Bettdecke zurückschlagen, die Füße auf den Fußbogen setzen. Uh! Kalt! Paul deckt sich bis unters Kinn zu. Sonst ist alles

still. Oder? Alles ist still. Paul schließt die Augen und denkt: Der Schlaf nach dem Aufwachen ist der gesündeste.

Da geht die Tür auf, Pauls Mutter sagt viel zu laut: „Aufstehen, Paul!“, und knipst das viel zu helle Licht an. Die viel zu laute Stimme von Pauls Mutter und das viel zu helle Licht sind zu viel für Paul. Mit dem warmen Bett und dem gesunden Schlaf nach dem Aufwachen ist es aus. Paul richtet den Oberkörper auf, schlägt die Bettdecke zurück und setzt die Füße auf den Fußboden. Uh! Noch kälter, als Paul gedacht hat. Immer, wenn es morgens kalt ist, ändert Paul die Reihenfolge: Er zieht sich erst an, dann wäscht er sich.

Das Frühstück dauert bei Paul nur fünf Minuten. Er hat es aber nicht eilig, in die Schule zu kommen.

Auf dem Weg zur Schule gibt es immer etwas zu sehen, und warum soll Paul nicht zusehen, wenn es etwas zu sehen gibt? Paul kam schon öfter zu spät, weil er zusah, was es zu sehen gab. Er sagte dann, er habe verschlafen. Einmal sagte er, es habe unterwegs so viel zu sehen gegeben. Als der Lehrer aber fragte, was es gewesen sei, hatte Paul keine Lust, davon zu erzählen. Da sagte der Lehrer, das sei eine faule Ausrede von Paul, weil Paul nicht zugeben wolle, dass er verschlafen habe.

Seit diesem Tag macht sich Paul um Punkt sieben Uhr auf den Schulweg. Pauls Mutter sagt jeden Morgen: „Warum gehst du so früh, Paul?“ Sie wundert sich aber nicht sehr. Sie weiß, dass Paul immer viel Zeit braucht. Deshalb findet sie es eigentlich richtig, dass er so früh geht. Das Erste, was Paul sieht, ist ein riesiger weißer Baum, der hoch am Himmel über Paul hinwegschwebt. Ein schwebender Himmelsbaum, denkt Paul. Ein weißer Riesenbaum. Ein riesiger Weißbaum über

FAULE
AUSREDE!

Paul. Ein riesiger Himmels-Weißbaum. Ein weißer Himmels-Riesenbaum. Nach sieben Schritten, Paul geht sehr langsam, ist der Baum ein Elefant. Sechs Schritte später ist der Elefant eine Lokomotive. Fünf Schritte später ist die Lokomotive ein Bett. Der Wind macht aus der Wolke, was er will: einen Wolkenbaum, einen Wolkenelefanten, eine Wolkenlokomotive, ein Wolkenbett.

Paul, der noch müde ist, säße gern auf dem Wolkenelefanten und ritte gemächlich zur Schule. Noch lieber läge er in dem Wolkenbett. Er würde natürlich nicht schlafen. Nur dösen. Die dünnen Wolkenfetzen, die neben der Bettwolke durcheinander segeln, sehen wie Sauerkraut aus. Ab und zu könnte Paul sich eine Portion Sauerkraut vom Blauhimmel langen.

Jetzt hat Paul die Straßenbahnhaltestelle erreicht. Wenn es keine Wolkenlokomotive ist, eine Straßenbahn ist auch etwas. Paul stellt sich hinter den Fahrer und sieht zu, wie der Fahrer klingelt und losfährt. Eigentlich hat Paul die Klingelei nicht gern. Sie erinnert ihn daran, dass die Zeit vergeht und die Schule bald anfängt. Die Fahrgäste drängeln, und Paul muss aufpassen, dass er in dieser Drängelei nicht fortgeschoben wird. Ein älterer Mann sagt zu einem jüngeren Mann: „Jeden Morgen fahre ich mit dieser Bahn, und jeden Morgen ist es dieselbe Fahrerei. Ein Geruckel und Gezuckel, dass die letzte Müdigkeit verfliegt, wenn du noch müde bist." Die Bahn ruckelt und zuckelt weiter, doch Paul hört nicht länger auf die Morgenunterhaltung der beiden Männer. Er sieht gerade, dass es zu regnen anfängt.

Die Regenschauer stürzen auf die Straßenbahn wie haushohe Wellen auf ein Schiff. Das Wasser schlägt an die Scheiben und läuft in Strömen an den Scheiben herab, sodass Paul ringsum nur noch Wasser sieht. Die Straßenbahn bahnt sich neben einem Lastauto, das mit Kohle beladen ist, mühsam einen Weg durch das Wasser auf der Straße. Kurz vor der Schule sind die Schienen so buckelig und ausgebeult, dass das Straßenbahnschiff plötzlich stampft und schlingert. Der Kapitän geht auf halbe Fahrt. Das Lastschiff[1] mit Kohle schiebt sich vor das Straßenbahnschiff. Hinter das Straßenbahnschiff hat sich ein froschgrünes Autoboot für zwei Personen gesetzt, das nach links in einen schmaleren Straßenkanal abbiegen will. Neben das Straßenbahnschiff darf jetzt niemand mehr fahren, weil die Straßenbahn hält. Aus der entgegengesetzten Richtung kommt eine andere Straßenbahn, die an Pauls Straßenbahn vorbeifährt. Zwischen den

---

1 Lastschiff: Schiff, das Waren und Güter transportiert, hier: Metapher (Sprachbild) für das Lastauto

18 Sitzplätze

beiden Straßenbahnen ist so wenig Platz, dass wahrscheinlich nicht einmal Paul zwischen die beiden Straßenbahnen passen würde.

Paul steigt aus. Bis zur Schule ist es nicht mehr weit. Paul würde gern einen Umweg machen, doch es ist schon sieben Uhr vierzig. Außerdem regnet es. Deshalb beeilt sich Paul.

Nach seinen Begegnungen mit einem Wolkenelefanten und einem Straßenbahnschiff wundert es Paul jetzt nicht mehr, dass vor der Schule ein Mann auftaucht, dessen Anblick auch einem größeren Jungen als Paul die Sprache verschlagen muss.

Der Mann spannt einen großen grünen Regenschirm auf, steigt auf einen Holzkasten, der wie ein Koffer aussieht, und singt! Richtiger Gesang ist es aber nicht.

Paul hört einen Raben, ein Dielenbrett und einen Bären. Der Bär brummt, das Brett knarrt, der Rabe krächzt:

„Übernehme gegen Lohn
Aufsicht über Präposition[1].
Suche dringend Prädikat[2],
biete frischen Wortsalat.
Kaufe einzeln und komplett
Konsonanten[3] (außer Z).
Wer tauscht alte Stammsyllaben[4]
gegen fertige Hausaufgaben?"

Paul kommt gerade noch zur rechten Zeit in die Klasse. Heute hat Paul Biologie,

---

[1] Präposition: Verhältniswort, z. B.: in, an, auf, s. auch S. 130 f. im Anhang

[2] Prädikat: Satzaussage, gebildet aus einem Verb, Kernbestandteil des Satzes

[3] Konsonant: Mitlaut, s. auch S. 128 f. im Anhang

[4] Stammsyllaben: vom Autor erfundenes Wort, gemeint sind wahrscheinlich Teile von Wörtern, z. B. Silben

Mathematik, Russisch, Deutsch, Deutsch, Russisch. Die Schule ist wie jeden Tag. Paul ist nicht besonders fleißig, und Paul ist nicht besonders faul. Er wartet heute ungeduldiger auf die große Pause, weil er mit allen Spielern seiner Fußballmannschaft über das Training sprechen will. Nach dem Unterricht geht Paul schnell nach Hause. Den Mann auf dem Holzkoffer und sein Lied hat er vergessen.

Paul will vor dem Fußballtraining seine Hausaufgaben hinter sich bringen. Gerade will Paul das Deutsch-Heft aufschlagen, als es an der Wohnungstür klingelt. Paul öffnet die Tür einen Spaltbreit und vergisst, den Mund wieder zuzumachen. Vor der Tür steht der Mann mit dem Holzkoffer. „Mein Name ist Vielolog", sagt der Mann mit brummender, knarrender und krächzender Stimme. „Ich möchte dir einen Vorschlag machen." Dabei klopft er auf seinen Koffer. Paul sagt: „Meine Eltern sind auf Arbeit, komm bitte heute Abend wieder."

Aber der Mann sagt: „Ich übernehme eine Woche lang deine Hausaufgaben, wenn du mir alle deine Präpositionen und … sagen wir mal … die bestimmten Artikel[1] gibst. Das ist ja nicht viel."

Paul überlegt. Dann sagt er: „Wie soll ich dir meine Präpositionen oder so was geben. Die hab ich doch nicht im Schrank."

„Du sagst einfach, dass du sie mir gibst, und fertig. Du kriegst natürlich 'ne Quittung[2]."

Da denkt Paul: Eine ganze Woche lang

---

[1] bestimmter Artikel: Begleiter eines Nomens/Substantives (der, die, das), s. auch S. 126 f. im Anhang

[2] Quittung: Nachweis über eine bezahlte Rechnung

keine Hausaufgaben! Und ich brauche bloß zu sagen: ‚Ich geb dir meine Präpositionen und ... und was? Ach so, die bestimmten Artikel.' Na, wenn es weiter nichts ist. Paul sagt: „In Ordnung. Ich geb dir meine Präpositionen und die bestimmten Artikel." Er führt den Mann in sein Zimmer. Vielolog stellt den großen grünen Regenschirm in die Ecke, öffnet den Holzkoffer und holt einen Notizblock heraus. Während er die Quittung schreibt, kann Paul sehen, was in dem Koffer ist. Es sind kleine Holzkästchen, und auf jedem Kästchen klebt ein Zettel. Paul liest auf einem Zettel das Wort ‚Pronomen[1]' und einen Namen, der ihm sehr bekannt vorkommt. Es ist ein Junge aus der achten Klasse, erinnert sich Paul,

[1] Pronomen: Fürwort, s. auch S. 130 f. im Anhang

und er denkt: Bin ich ja nicht der Einzige. Vielolog, der an Pauls Tisch sitzt, überreicht Paul die Quittung und macht sich sogleich an Pauls Hausaufgaben. Paul steckt die Quittung in die Hosentasche und sagt: „Ich gehe Sportplatz." Da lächelt Vielolog zufrieden.

Am Abend will Pauls Mutter wissen, ob Paul seine Hausaufgaben erledigt hat.

„Ja“, sagt Paul.

„Und was hast du sonst noch gemacht?“, fragt Pauls Mutter.

„Och“, sagt Paul, „ich war Fußballtraining. Hinterher saßen wir noch Eisdiele.“

Pauls Mutter starrt Paul an, sagt aber nichts. Sie denkt: Vielleicht hat Paul sich wieder etwas Neues ausgedacht.

Als er von dem Regen erzählt, den er am Morgen erlebt hat, sagt Paul: „Regen stürzte Straßenbahn wie haushohe Wellen ein Schiff.“

Pauls Mutter sagt: „Du kannst mir doch nicht erzählen, dass die Straßenbahn von dem Regen umgefallen ist!“

„Hab ich doch gar nicht gesagt!“, sagt Paul.

In der Schule geht es erst richtig los.

Pauls Mitschüler merken gleich, dass mit Paul etwas nicht stimmt. Immer, wenn er etwas sagt, sehen sie ihm auf den Mund. Als Paul in der Geografiestunde[1] aufgerufen wird und sagen soll, wohin der Main[2] fließt, sagt Paul: „Main fließt Rhein[3]."

Da lachen alle, sogar Pauls Freunde. Und der Lehrer sagt: „So rein fließt der Main gar nicht, Paul."

Zum Direktor, der in der Pause den Korridor[4] entlangkommt und wissen will, ob Pauls Lehrer noch in der Klasse ist, sagt Paul: „Nein, Lehrer ist nicht Klasse."

Der Direktor ist eine Sekunde lang sprachlos. Paul vergisst vor Aufregung,

---

1 Geografiestunde: Erdkundestunde
2 Main: der längste rechte Nebenfluss des Rheins (527 km)
3 Rhein: Strom in Mittel- und Osteuropa, längster Fluss Deutschlands (1232 km)
4 Korridor: Flur

was der Direktor sagt. Etwas Angenehmes ist es jedenfalls nicht.
Dass Paul aber keine Hausaufgaben zu machen braucht, findet er wirklich schön. Endlich kann er nach der Schule tun, was er will. Am liebsten spielt er Fußball. Aber er ist allein. Die anderen kommen immer erst auf den Sportplatz, wenn sie ihre Hausaufgaben gemacht haben. Was soll Paul so lange tun? Er legt sich ins Gras und sieht in den Himmel. Er langweilt sich.
Am Montag darauf ist die Zeit ohne Hausaufgaben vorüber. Paul kommt von der Schule nach Hause und seufzt, weil er das Gefühl hat, dass für ihn mehr hätte herausspringen müssen als eine Woche ohne Hausaufgaben. Es macht Paul gar keinen richtigen Spaß mehr zuzusehen, was es zu sehen gibt, weil er es nicht

mehr richtig erzählen kann. Und es macht auch gar keinen richtigen Spaß mehr, etwas zu sagen. Die Mitschüler lachen, der Lehrer glaubt, Paul macht dumme Witze, und der Direktor schimpft. Zwei Wochen hätte ich mindestens verlangen müssen, denkt Paul und setzt sich an seinen Tisch. Da klingelt es. Wieder steht Vielolog vor der Tür.

Paul bittet ihn herein und sagt: „Du musst mir *noch* eine Woche geben!“

„Gut, aber nicht umsonst“, knarrt das Dielenbrett.

„Was willst du denn?“, fragt Paul.

„Ich will alle deine Verbformen[1]“, krächzt es aus dem Mann.

„Alle meine Verbformen?“, ruft Paul erschrocken.

„Den Infinitiv[2] kannst du meinetwegen behalten“, brummt der Mann.

---

1 Verbformen: Die Wortart *Verb* kann in ganz unterschiedlichen Formen erscheinen, s. S. 132 f.

2 Infinitiv: Grundform des Verbs, s. auch S. 133 im Anhang

Paul überlegt: Immerhin, Infinitiv reicht vielleicht. Ich könnte jeden Nachmittag schwimmen gehen, bis die anderen zum Fußballspielen kommen. Und heute Nachmittag ist Zirkus!

„Einverstanden", sagt Paul. Vielolog öffnet den Koffer, holt ein neues Kästchen heraus, schreibt ‚Verbformen' und Pauls Namen darauf. Paul bekommt seine Quittung und macht sich auf den Weg zum Zirkus.

Die Vorstellung fängt erst um fünfzehn Uhr an. Paul kann sich vorher die Tierschau ansehen. Vor den Käfigen, in denen die Löwen liegen, trifft Paul seinen Freund Bruno.

Paul fragt: „Gehen du auch Zirkus?"

Bruno sagt: „Paul, was ist los mit dir?"

„Nichts", antwortet Paul. „Wann machen du Hausaufgaben?"

Bruno sagt: „Nun hör aber auf, Paul!“
An der Zirkuskasse sagt Paul gar nichts.

Er gibt Bruno das Eintrittsgeld, und Bruno kauft zwei Karten.
Ehe die Vorstellung beginnt, fragt Paul noch: „Bruno, was gefallen dir besser, Akrobatik[1] oder Dressur[2]?“

---

[1] Akrobatik: Sportart mit turnerischen und gymnastischen Elementen

[2] Dressur: Ausbildung von Tieren zu einem gewissen Zweck, hier: zur Unterhaltung der Zirkusbesucher

„Am besten gefällst *du* mir“, antwortet Bruno.

Da schweigt Paul bis zum Ende der Vorstellung, obwohl er gerne etwas gesagt hätte.

Bruno hat zuletzt beinahe ein schlechtes Gewissen.

Am Abendbrottisch muss Paul seinen Eltern unbedingt vom Zirkus erzählen.

„Herrlich sein Dressuren“, sagt er. „Ein Tiger springen ein brennender Reifen. Ein Elefant sitzen ein

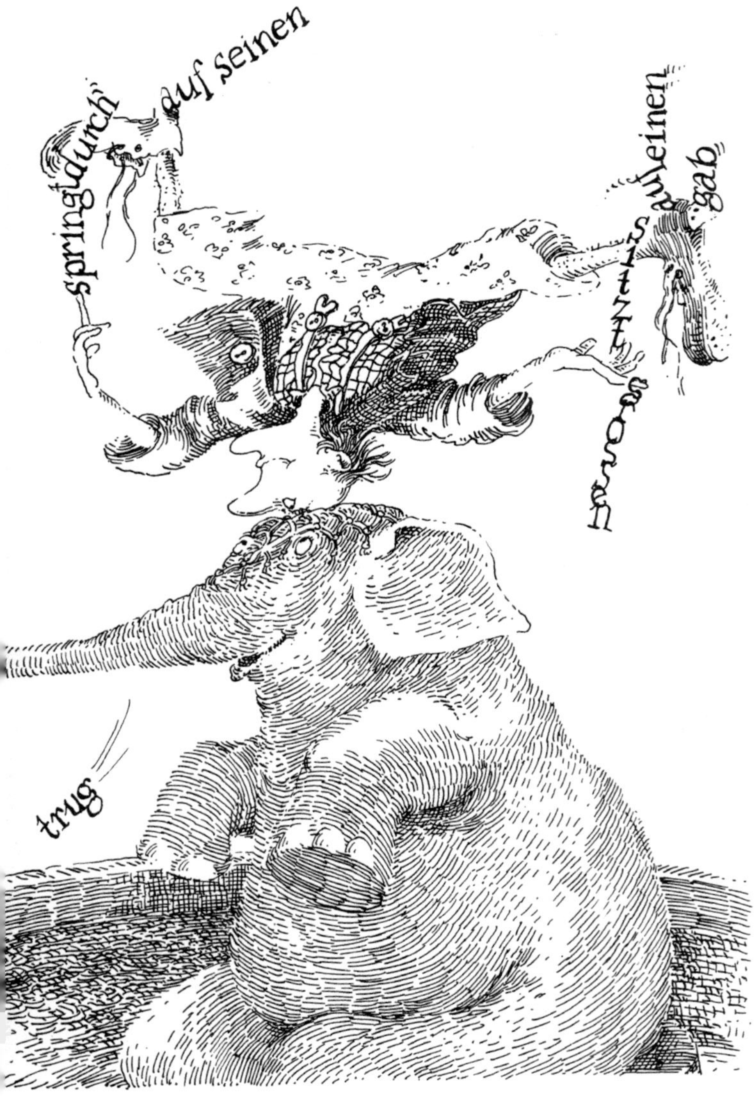
springdurch
auf seinen
auf einen
gab
trug

großer Hocker.“ Pauls Eltern werden sehr traurig, als sie Paul reden hören. Er hatte ihnen beim Abendbrot immer von seinen Erlebnissen erzählt. Jetzt bringt er nur noch solche Sätze zustande.

Vater, der sich nichts anmerken lassen will, fragt: „Und die Akrobaten?“

„Es geben Trapezkünstler und einen Seiltänzer“, sagt Paul. „Seiltänzer halten jede Hand einen Regenschirm, und seine Schultern tragen er ein Mädchen.“

Jetzt sieht Paul, dass seine Eltern sehr traurig sind.

Als Paul in sein Zimmer gegangen ist, sagt Mutter: „Zuerst dachte ich, Paul hat sich einen Spaß ausgedacht. Aber das ist schon kein Spaß mehr. Was ist bloß mit ihm los?“

„Ist Paul vielleicht krank?“, fragt Vater.

Mutter sagt: „Nein, bestimmt nicht. Das

hätte ich gemerkt. Es muss irgendetwas anderes sein. Was ist es bloß?"

„Warten wir ab", sagt Vater, „wir müssen Geduld haben."

In der Schule sagt Paul so wenig wie möglich. Seine Mitschüler warten nur darauf, dass er etwas sagt, und prusten[1] gleich los. Sie glauben, dass Paul einen Dreh gefunden hat, die Lehrer auf den Arm zu nehmen. Nur Fritz, der nie Pauls Freund war, sagt in der Pause zu Paul: „Sein du kleines Knirpschen[2], müssen du Kindergarten gehen. Oder Mutti Rockzipfel bleiben[3]."

Der Klassenlehrer bestellt Paul schließlich zu sich und sagt sehr ärgerlich:

---

1 prusten: lautes Ausstoßen der Luft, hier beim Lachen
2 Knirpschen: Knirps = scherzhaft für kleiner Junge, hier zusätzlich durch die Silbe „-chen" verniedlicht
3 Mutti Rockzipfel bleiben: ein kleines Kind bleiben, welches sich am Rock der Mutter festhält

„Wenn das so weitergeht, dann müssen wir ein ernstes Wort mit dir reden. Was denkst du dir eigentlich? Du glaubst wohl, du kannst dir alles erlauben, wie? Nimm dich gefälligst zusammen und hör mit den Faxen[1] auf!"

Paul zuckt nur mit den Schultern. Nachmittags geht er ganz allein ins Schwimmbad, sucht sich ein einsames Fleckchen auf der Liegewiese und grübelt. Im Unterricht geht es nur noch, wenn Paul ‚seine' Hausaufgaben vorliest. Vielolog ist sehr klug. Er macht Pauls Hausaufgaben nicht besser, als es Paul getan hätte. Wenn Paul aber selber etwas sagen muss oder wenn eine Arbeit geschrieben wird, bei der man in ganzen Sätzen antworten muss, dann ist es

1 Faxen: Albernheiten

schlimm für Paul. Die Lehrer glauben, Paul macht absichtlich alles falsch. Es vergeht keine Stunde ohne einen Tadel[1], es regnet Vieren und Fünfen, und alle Lehrer schimpfen mit Paul.
Paul schläft in der heißen Sonne ein. Er träumt aber gar nichts. Er wacht auf und fragt sich, wie lange er nicht mehr richtig

1 Tadel: Kritik des Lehrers an Pauls Verhalten

geträumt hat. Eine Woche? Oder schon zwei?

Das Wasser im Schwimmbecken ist so frisch, dass Paul seine Grübeleien[1] wieder vergisst.

Die zweite Woche vergeht sehr schnell.

Paul schweigt meistens.

Am dritten Montag sagt er zu Vielolog: „Ich können gar nichts mehr allein machen. Du dürfen mich jetzt nicht sitzen lassen."

Vielolog ist zufrieden. Aber umsonst tut er natürlich nichts.

Paul sagt: „Du haben schon genug!" Doch Vielolog lässt sich nicht beirren.

Schließlich gibt Paul nach: „Also, was verlangen du?"

Und Vielolog sagt: „Von jedem Wort, das

[1] Grübelei: Nachdenken, ohne zu einer Lösung zu kommen

mit zwei Konsonanten[1] anfängt, verlange ich den ersten Konsonanten. Das ist ja nicht viel."

Schon am nächsten Tag begreift Paul, worauf er sich diesmal eingelassen hat. Mutter trägt ihm beim Frühstück auf, nach der Schule einkaufen zu gehen. Paul soll zehn Schrippen[2], vier Bratwürste, eine Tüte Haferflocken und eine Tüte Graupen[3] kaufen. Außerdem braucht Mutter ein Tütchen Staubzucker, weil sie Plätzchen backen will. „Soll ich's dir aufschreiben", fragt Mutter, „oder merkst du's dir?"

Paul sagt: „Nicht aufschreiben."

Nach der Schule geht Paul in den kleinen Lebensmittelladen an der Ecke.

---

1 Konsonant: Mitlaut, s. auch S. 128 f. im Anhang
2 Schrippen: berlinerisch für Brötchen
3 Graupe: geschältes Gersten- oder Weizenkorn

Die Verkäuferin fragt: „Was möchtest du, Paul?"

Paul schnurrt Mutters Bestellung herunter[1]: „Zehn Rippen, vier Ratwürste, eine

[1] schnurrt herunter: schnelles Sprechen

Tüte Hafer-Locken und eine Tüte Raupen. Und ein Tütchen Taubzucker, Mutter wollen Lätzchen backen."

Die Verkäuferin, die von Paul gehört hat,

sagt ernst: „Tut mir leid, Paul, das haben wir nicht. Versuch's doch mal woanders.“ Paul stolpert verwirrt aus dem Laden. Den ganzen Nachmittag läuft er durch die Stadt. Er will schon umkehren, als er endlich Vielolog aus einem Haus kommen sieht. Vielolog trägt in der Linken seinen Regenschirm, in der Rechten trägt er seinen Holzkoffer.

„Vielolog!“, ruft Paul.

Vielolog dreht sich um und wartet. Atemlos bleibt Paul vor Vielolog stehen und sagt, so schnell er kann: „Ich wollen alles wiederhaben!“

Aber Vielolog lacht Paul einfach aus. „Da kann ja jeder kommen“, sagt er. „Wir haben ein ehrliches Geschäft gemacht, und damit basta[1]. Oder habe ich etwa

[1] basta: Ausdruck, mit dem man deutlich macht, dass man nicht weiterdiskutieren möchte

nicht deine Hausaufgaben erledigt?“ Paul ist verzweifelt.

„Ich geben dir meine Indianer, Autos und Lugzeuge. Und meinen Fußball!“, sagt Paul.

Vielolog lacht einfach. „So was sammle ich nicht“, sagt er. „Aber ich habe eine Idee.“ Er öffnet seinen Koffer und holt ein Blatt Papier heraus. „Du kriegst alles von mir zurück“, sagt er, „wenn du herausfindest, was auf diesem Blatt fehlt. Ich gebe dir einen Tag Zeit. Wir treffen uns hier.“

Paul reißt Vielolog das Blatt aus der Hand und rennt nach Hause. Mutter ist sehr ärgerlich, weil Paul nichts eingekauft hat. Jetzt muss Mutter selbst einkaufen gehen, obwohl sie von der Arbeit müde ist. Paul verschwindet in seinem Zimmer und liest das Blatt von Vielolog. Auf dem Blatt steht:

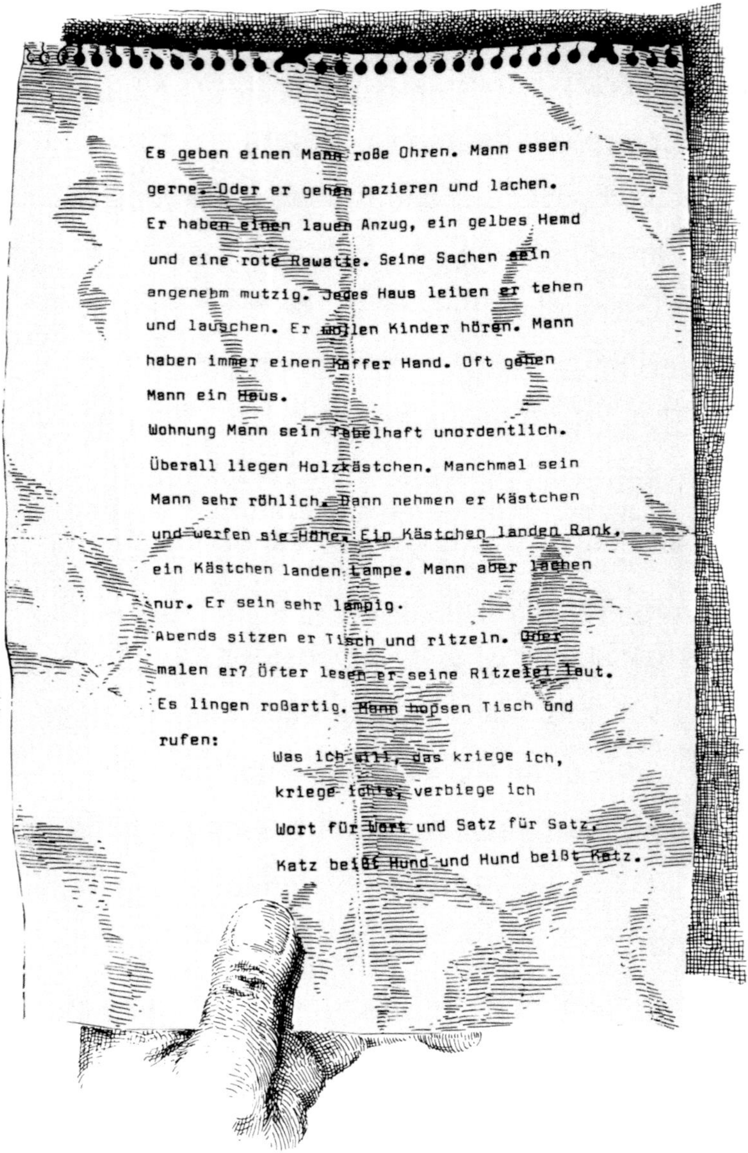

Es geben einen Mann roße Ohren. Mann essen
gerne. Oder er gehen pazieren und lachen.
Er haben einen lauen Anzug, ein gelbes Hemd
und eine rote Rawatte. Seine Sachen sein
angenehm mutzig. Jedes Haus leiben er tehen
und lauschen. Er wollen Kinder hören. Mann
haben immer einen Koffer Hand. Oft gehen
Mann ein Haus.
Wohnung Mann sein fabelhaft unordentlich.
Überall liegen Holzkästchen. Manchmal sein
Mann sehr röhlich. Dann nehmen er Kästchen
und werfen sie Höhe. Ein Kästchen landen Bank,
ein Kästchen landen Lampe. Mann aber lachen
nur. Er sein sehr lampig.
Abends sitzen er Tisch und ritzeln. Oder
malen er? Öfter lesen er seine Ritzelei laut.
Es lingen roßartig. Mann hopsen Tisch und
rufen:

Was ich will, das kriege ich,
kriege ich's, verbiege ich
Wort für Wort und Satz für Satz,
Katz beißt Hund und Hund beißt Katz.

Vielolog, der unterdessen nach Hause gegangen ist, hopst um seinen Tisch, wirft kleine Holzkästchen in die Höhe und singt:

„Faulpaul,
paulfaul,
kann nur auf zwei Beinen stehen,
aber denkt, aber denkt,
wird wohl auch mit einem gehen,
hat das andre *mir* geschenkt.
Was ich krieg, das hat er nicht,
was ich hab, das kriegt er nicht."

Vor lauter Schadenfreude kriegt Vielolog einen dunkelroten Kopf.
Er muss nach Luft schnappen, setzt sich auf seinen Holzkoffer und japst: „Kriegt er nicht, kriegt er nicht!“
Paul kann die halbe Nacht nicht schlafen.
Am nächsten Tag bittet er Bruno um Hilfe.
Sie treffen sich nach der Schule bei Paul, und Paul weiht Bruno in das Geheimnis ein.
„Mensch, Paul“, sagt Bruno, „du warst aber leichtsinnig.“
„Wissen ich ja“, sagt Paul, „was sollen ich dann jetzt tun?“
„Du musst alles, was du Vielolog gegeben hast, von Neuem lernen“, antwortet Bruno.
„Und wie?“, fragt Paul.
„Du schlägst in deiner Grammatik nach

große
froße
droße
croße
broße
roße
essen
es
sie
er
du isst
ich esse

und ich im Wörterbuch. Und wenn du nicht weiterkommst, helf ich dir."

Gesagt, getan.

Paul schlägt seine Grammatik auf und findet heraus, dass es heißen muss: ‚Es *gibt* einen Mann ...'

Er probiert vor dem ‚r' in ‚roße' alle Konsonanten aus und kommt darauf, dass ein ‚g' fehlt: ‚große'.

„Ich haben es!", sagt er. „Satz heißen: ‚Es gibt einen Mann großen Ohren.' Stimmen das, Bruno?"

„Nein", sagt Bruno, „da fehlt noch was."

Wieder sieht Paul in seiner Grammatik nach und sagt: „‚Es gibt einen Mann *mit* große Ohren.' Nein, ‚... mit groß*en* Ohren'."

„Stimmt!", ruft Bruno.

Satz für Satz kommt Paul der Sache auf die Spur. Manchmal muss Bruno nachhelfen.

Auch für Bruno ist es gar nicht einfach. Aber leichter ist es für ihn doch, weil er alles im Kopf hat.

Paul dagegen muss immer erst in der Grammatik oder im Wörterbuch nachsehen.

Am Ende ist das Blatt über und über bekritzelt. Paul hat mit einem blauen Filzstift geschrieben, und das Blatt sieht so aus:

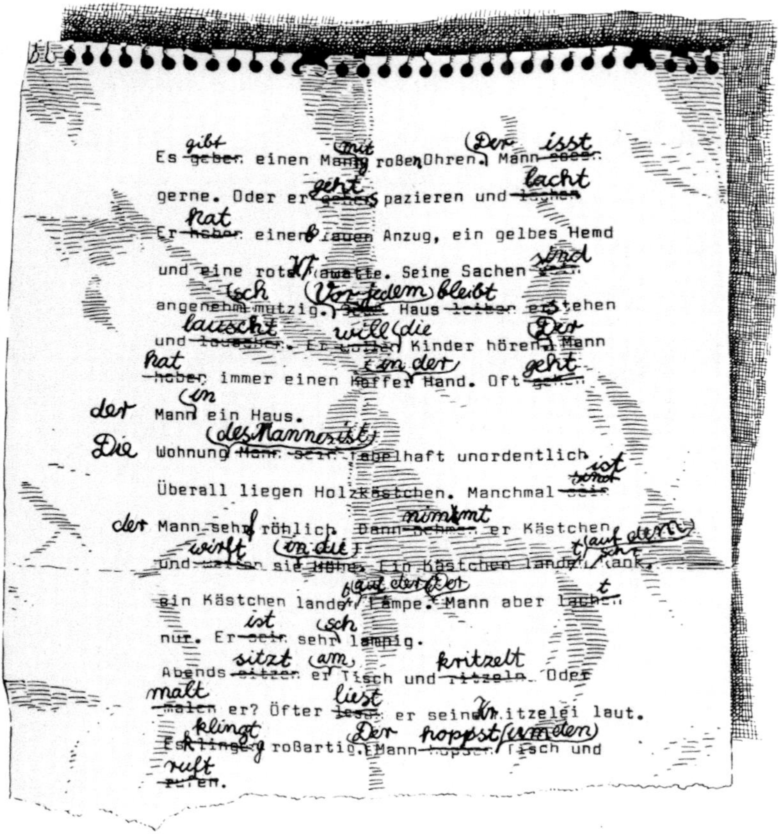

Es ~~geben~~ gibt einen Mann mit großen Ohren. Der Mann ~~essen~~ isst
gerne. Oder er ~~gehen~~ geht spazieren und ~~lachen~~ lacht.
Er ~~haben~~ hat einen blauen Anzug, ein gelbes Hemd
und eine rote Krawatte. Seine Sachen ~~sein~~ sind
angenehm schmutzig. Vor jedem Haus ~~leiben~~ bleibt er stehen
und ~~lauschen~~ lauscht. Er ~~wollen~~ will die Kinder hören. Der Mann
~~haben~~ hat immer einen Koffer in der Hand. Oft ~~gehen~~ geht der
Mann in ein Haus.
Die Wohnung ~~Mann sein~~ des Mannes ist fabelhaft unordentlich.
Überall liegen Holzkästchen. Manchmal ~~sein~~ ist
der Mann sehr fröhlich. Dann ~~nehmen~~ nimmt er Kästchen
und ~~werfen~~ wirft sie in die Höhe. Ein Kästchen landet auf dem Schrank,
ein Kästchen landet auf der Lampe. Der Mann aber lacht
nur. Er ~~sein~~ ist sehr schlampig.
Abends ~~sitzen~~ sitzt er am Tisch und ~~ritzeln~~ kritzelt. Oder
~~malen~~ malt er? Öfter ~~lesen~~ liest er seine Kritzelei laut.
Es ~~klingen~~ klingt großartig. Der Mann ~~hopsen~~ hoppst um den Tisch und
~~rufen~~ ruft.

Ach, den Rest will Paul gar nicht mehr sehen. Es ist spät geworden. Paul steckt das Blatt in die Tasche.

Bruno begleitet ihn bis zur verabredeten Straßenecke.

Vielolog ist schon da.

Paul hält ihm das Blatt vor die Nase, und Vielolog lässt vor Ärger seinen Holzkoffer fallen.

„Also gut“, brummt er.

Umständlich kramt er in seinem Koffer, holt vier Kästchen hervor, öffnet sie und schüttet sie aus.

„Da!“, krächzt er.

Paul sagt: „Von mir kriegst du nie mehr auch nur die kleinste Silbe[1]!“ Er dreht sich um und läuft mit Bruno davon.

---

[1] Silbe: Bestandteil von Wörtern, s. auch S. 130 f. im Anhang

Paul
Hans
Paul

Vielolog hört nur noch, wie Paul ruft:
„Vielolog! Du Sprachabschneider!“

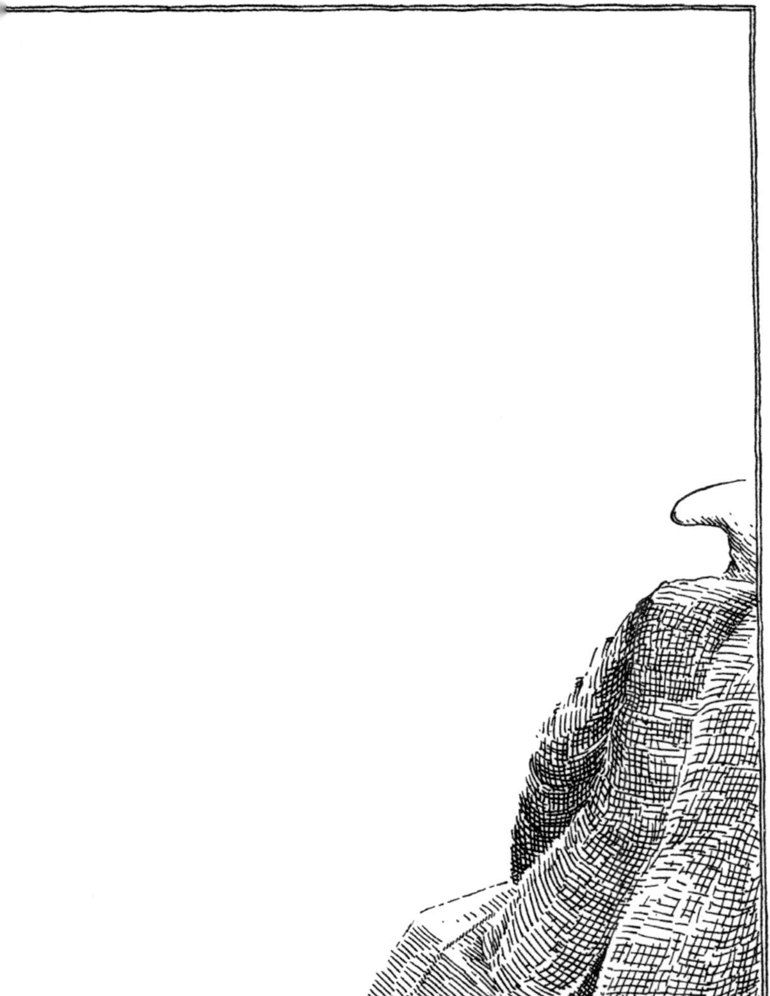

Anhang

Hans Joachim Schädlich, 2008

1. Der Autor Hans Joachim Schädlich

Der Autor der Erzählung „Der Sprachabschneider", Hans Joachim Schädlich, hat vor allem Literatur für Erwachsene geschrieben. Auch „Der Sprachabschneider" war ursprünglich für Erwachsene gedacht, wurde dann aber vor allem von Kindern gelesen.
Schädlich hatte es in den ersten Jahren nicht ganz

leicht mit seinen Werken. Er lebte in der damaligen Deutschen Demokratischen Republik, wo man verhinderte, dass er seine Werke, in denen er sich kritisch mit den Zuständen dort auseinandersetzte, veröffentlichen konnte.
Der folgende Text gibt einen Überblick über das Leben von Hans Joachim Schädlich.

Hans Joachim Schädlich wird 1935 in Reichenbach in Sachsen als zweites von drei Kindern geboren. Nach seiner Schulzeit nimmt er ein Studium in Berlin auf. An der Humboldt-Universität studiert er Germanistik (deutsche Literatur) und Linguistik (deutsche Sprache). Im Anschluss arbeitet er an der Berliner Akademie der Wissenschaften als Linguist. Ein Linguist beschäftigt sich mit der Sprache. So hat Schädlich zum Beispiel die Laute des ostvogtländischen Dialekts erforscht. Eigentlich möchte er gern Schriftsteller sein und davon leben können, doch sein erster Roman wird einfach nicht veröffentlicht. Das liegt nicht daran, dass er nicht gut ist. Die Umstände sind gegen ihn: Hans Joachim Schädlich wohnt in der ehemaligen DDR und ist mit vielem nicht einverstanden.

Nach dem Ende des Zweiten Weltkriegs 1945 wurde Deutschland in zwei Teile geteilt. Im Westen wurde die Bundesrepublik Deutschland gegründet, im Osten die Deutsche Demokratische Republik, auch DDR abgekürzt. Diese Teilung Deutschlands bestand bis 1990, dem Jahr der Wiedervereinigung. Die DDR war ein kommunistischer Staat, in dem es nur eine einzige Partei (SED) gab, die das Sagen hatte. Wer anderer Meinung war oder Kritik an der Partei übte, konnte dafür ins Gefängnis kommen. Auch die Wirtschaft wurde von der Partei bestimmt. Große Firmen sollte nur der Staat besitzen, was dazu führte, dass es nicht immer von allen Konsumgütern so viel, wie die Menschen gerne haben wollten, gab. Man konnte zum Beispiel nicht einfach so ein Auto kaufen, sondern musste sich erst einmal auf eine Liste setzen lassen und viele Jahre darauf warten. Auch Lebensmittel gab es nicht immer in dem Maße und der Vielfalt, wie sich die Menschen das wünschten.
Manche Bürger wollten daher in der DDR nicht leben und flohen in den Westen. Doch das wollte die

[1] SED: Sozialistische Einheitspartei Deutschlands

Regierung der DDR verhindern und baute daher 1961 die Berliner Mauer und noch weitere Mauern und Grenzanlagen zwischen West- und Ostdeutschland.
Die Einwohner der DDR durften das Land nicht mehr einfach so in Richtung Westen verlassen. Man brauchte in der DDR eine Genehmigung, die nur nach strenger Prüfung erteilt wurde und manchmal gar nicht. So konnten sich die Menschen im West- und Ostteil oft nicht mehr besuchen.
Erst 1989 fiel die Mauer, nachdem viele Menschen

Bau der Berliner Mauer 1961

in der DDR gegen die Zustände protestiert hatten, und es kam 1990 zur Wiedervereinigung der beiden Teile Deutschlands. Zu diesem Zeitpunkt lebte Schädlich bereits einige Jahre im Westteil.

Zurück zu dem schriftstellerischen Ehrgeiz von Hans Joachim Schädlich: In seinen literarischen Texten geht es oft darum, wie der Einzelne sich in einem Staat, in dem ihm viele Rechte wie das des Reisens und der freien Meinungsäußerung nicht zugestanden werden und in dem er überwacht wird, verhalten soll und welche Probleme dabei entstehen können. Schädlich übt deutlich Kritik an den bestehenden Verhältnissen im Land. Das reicht dafür aus, dass der Staat dafür sorgt, dass seine Bücher nicht veröffentlicht werden und er somit mit dem Schreiben kein Geld verdienen kann.

In dieser Zeit sind die Schriftstellerkollegen und Schriftstellerkolleginnen in der DDR für Schädlich eine große Hilfe. Sie kommen regelmäßig zu geheimen Treffen zusammen. Dabei lesen sie sich gegenseitig ihre neuen Werke vor und geben sich eine Rückmeldung. Schädlich, der als unveröffentlichter Schriftsteller unsicher ist, ob er überhaupt Talent hat, wird dort sehr gelobt. Zwar tun die Schriftsteller bei ihren Treffen nicht direkt etwas Verbotenes. Gefährlich sind diese Treffen dennoch. Die Themen, über die gesprochen werden, sind unbequem und passen nicht zur politischen Meinung der DDR-Führung. Es ist ein großes Glück, dass niemand die Schriftsteller beobachtet und verraten hat.

So viel Glück hat Schädlich nicht immer. Einige Zeit nach der Wiedervereinigung der beiden deutschen Staaten 1990 muss er erfahren, dass sein eigener Bruder ihn bespitzelt und die Informationen an die sogenannte „Staatssicherheit" (Stasi), den Geheimdienst der DDR, weitergegeben hat. Als Decknamen wurde für ihn der Name „Schädling" gewählt. Als Hans Joachim Schädlich seinen Bruder darauf anspricht, zeigt dieser überhaupt keine Reue. Die beiden Brüder haben sich danach nie wieder versöhnt, nicht einmal mehr ein Wort miteinander gesprochen.

Auch ohne eine Veröffentlichung seiner kritischen Werke hat Schädlich in der DDR eine Menge Ärger. 1976 setzt er sich für einen Kollegen ein: Dem Sänger Wolf Biermann, der sich ebenfalls immer wieder kritisch zu den Zuständen in der DDR geäußert hat, sind einige Konzerte im Westen erlaubt worden. Anschließend verweigert man ihm jedoch die Wiedereinreise in die DDR.

Schädlich beteiligt sich an einem öffentlichen Protestbrief gegen diese Ausbürgerung und verliert daraufhin seinen Arbeitsplatz. Seinen Lebensunterhalt muss er nun als freiberuflicher Übersetzer verdienen. Auch seine Frau wird unter Druck gesetzt: Man rät ihr, sich von ihrem Mann scheiden zu lassen, wenn sie ihre Arbeit behalten will. Sie ent-

Wolf Biermann bei einem Konzert 1976 in München

scheidet sich für ihren Mann und verzichtet auf ihre Karriere.

Davon, dass kein Verlag in der DDR seine Werke veröffentlichen will, lässt sich Hans Joachim Schädlich nicht unterkriegen. Über seine Schriftsteller-Kollegen knüpft er Kontakte im Westen, wo tatsächlich ein Verlag einen Erzählband drucken will. Das Manuskript wird von einer Journalistin über die Grenze geschmuggelt, aber der Verlag lehnt aus Sorge vor der Reaktion in der DDR ab. Doch 1977 erscheint „Versuchte Nähe" im Rowohlt Verlag. In den Erzählungen übt Schädlich große Kritik an der DDR. In Westdeutschland erhält er dafür die langersehnte Anerkennung als Schriftsteller. Doch in der DDR erregt er damit erneut Aufsehen und Ärger. Mit seinen kritischen Schriften macht er sich unbeliebt, auch wenn sie nur im Westen zu kaufen sind. Was soll man nun mit ihm tun? Einen Prozess gegen ihn einleiten und ihn einsperren? Oder einfach gehen lassen, in den Westen? Diesmal hat Schädlich Glück: Man entscheidet sich für die zweite Variante. Er darf die DDR verlassen und zieht nach Westdeutschland, zunächst nach Hamburg, später nach Westberlin.

Hans Joachim Schädlich hält am 23. Januar 1978 im Deutschen Theater in Göttingen seine erste Dichterlesung seit seiner Ausreise aus der DDR.

Obwohl er im Westen nun endlich so leben kann, wie er möchte, als freiberuflicher Schriftsteller, der seine Meinung sagen kann, ohne Verfolgung und Strafe erwarten zu müssen, fühlt er sich in den ersten Jahren in Westdeutschland nicht richtig wohl: Es ist einfach nicht seine Heimat. So legt er auch erst einmal eine kleine Schreibpause ein. Nachdem 1980 die Erzählung „Der Sprachabschneider“ veröffentlicht worden ist – ein sehr symbolisches Werk, in dem es darum geht, dass ein Junge seine Möglichkeiten, sich auszudrücken, verliert, weil er einen unüberlegten Handel eingegangen ist –, erscheint mehrere Jahre kein weiteres Buch von ihm. Erst ab 1984 schreibt und veröffentlicht er wieder regelmäßig und erhält viele Preise und Ehrungen für seine Literatur.

2. Geheimnisvolle Sprachen und allerlei Sprach-Merkwürdiges

Für jemanden, der die Abmachung zwischen Paul und Vielolog nicht kennt, müssen die Sätze des Jungen wie eine Geheimsprache zwischen den beiden erscheinen. Kennt ihr solche Geheimsprachen? Im folgenden Kapitel lernt ihr einige kennen und könnt sie ausprobieren. Wenn ihr euch mit jemandem unterhaltet, der sie ebenfalls beherrscht, könnt ihr euch über Geheimnisse austauschen. Probiert es aus. Übrigens – woher diese Sprachen kommen, weiß man in den meisten Fällen nicht. Vielleicht haben sie sich Kinder ausgedacht. Wenn ihr den Namen der Geheimsprachen in einer Suchmaschine eingebt, erfahrt ihr im Internet, wie sie sich anhören.
Anschließend sind eine Reihe Gedichte aufgeführt, in denen mit unserer Sprache gespielt wird. Einige lesen sich ebenfalls wie eine Geheimsprache.
Am Ende lernt ihr einen alten Mann kennen, dem es so ähnlich ergeht wie Paul. Er verändert die deutsche Sprache und muss dadurch eine traurige Erfahrung machen.

2.1 Geheimsprachen

Die B-Sprache

- Dabas ibist eibeinebe eibeinfabachebe Sprabachebe.

Habt ihr das Prinzip erkannt? In einem Wort wird jeder einzelne Vokal (auch ie), Umlaut (ä, ö, ü) und Doppellaut/Diphthong (au, äu, eu, ei) wiederholt und gleichzeitig wird der Buchstabe b davorgesetzt. Das zeigt der wiederholte Satz mit dem **Fe**be**ttdru**bu**ck**, nein, mit dem **Fettdruck**.

- **Da**bas **i**bi**st** **ei**bei**ne**be **ei**bei**nfa**ba**che**be **Ge**be**hei**bei**mspra**ba**che**be.

In der B-Sprache beginnt die Erzählung von Hans Joachim Schädlich dann so:

Mobontabags, diebienstabags, mibittwobochs, dobonneberstabags, freibeitabags ubund sobonnababebends klibingebelt gebenaubau nebebeben Paubauls Obohr pübünktlibich ubum sebechs Ubuhr dreibeißibig deber groboßebe Webeckeber [...].

Die Löffelsprache

- Paulewaul geleweht nalewach Haulewaus.

Diese Geheimsprache ist schon etwas schwieriger, aber wenn ihr das Prinzip erkannt habt und die Sprache bei einigen Einzelwörtern ausprobiert, klappt es bestimmt schnell mit dem Sprechen.

So funktioniert die Sprache: Hinter jeden Vokal (auch ie), Umlaut (ä, ö, ü) oder Doppellaut (Diphthong: au, äu, ai, eu, ei) setzt ihr ein **lew** und wiederholt dann den jeweiligen Laut. Anschließend geht es mit dem Wort weiter. Die einzelnen Laute werden folgendermaßen wiederholt und ergänzt:

a: a**lew**a

e: e**lew**e

i: i**lew**i

o: o**lew**o

u: u**lew**u

ä: ä**lew**ä

ö: ö**lew**ö

ü: ü**lew**ü

au: au**lew**au

äu: äu**lew**äu

ai: ai**lew**ai

eu: eu**lew**eu

ei: ei**lew**ei

ie: ie**lew**ie

Beim Sprechen solltet ihr immer den ersten Selbstlaut betonen, so kommt ein bestimmter Sprechrhythmus zustande, also: **a**lewa, **e**lewe, **au**lewau …
Den Satz oben müsst ihr also so betonen:

- P**au**lewau**l** g**e**leweht n**a**lewach H**au**lewaus.

Was er bedeutet, habt ihr bestimmt bereits herausgefunden:

- **Pau**lewau**l ge**lewe**ht na**lewa**ch Hau**lewau**s**.

In der Löffelsprache beginnt die Erzählung von Hans Joachim Schädlich dann so:

Molewontalewags, dielewienstalewags, milewittwolewochs, dolewonnelewerstalewags, freileweitalewags und solewonnalewabelewends […].

Die Hühnersprache

- Pauhaudefaul mahadefacht sihidefich auhaudefauf dehedefen Schuhudefulwehedefeg.

Warum diese Geheimsprache „Hühnersprache“ heißt, weiß man nicht. Vielleicht habt ihr ja eine Idee. So funktioniert sie: Hinter jeden Vokal (auch ie), Umlaut (ä, ö, ü) und Doppellaut/Diphthong (au, äu, ai, eu, ei) wird ein h gesetzt, dann wird der Laut wiederholt, es folgt der Wortbaustein def und der

Laut wird erneut wiederholt. Anschließend geht das Wort wie gewohnt weiter, bis ein neuer Selbstlaut kommt. Die einzelnen Laute werden folgendermaßen wiederholt und ergänzt:

a: a**hadefa**
e: e**hedefe**
i: i**hidefi**
o: o**hodefo**
u: u**hudefu**
ä: ä**hädefä**
ö: ö**hödefö**
ü: ü**hüdefü**
au: au**haudefau**
äu: äu**häudefäu**
ai: ai**haidefai**
eu: eu**heudefeu**
ei: ei**heidefei**
ie: ie**hiedefie**

Anders als bei der Löffelsprache müsst ihr beim Sprechen immer den zweiten Selbstlaut betonen, so kommt ebenfalls ein bestimmter Sprechrhythmus zustande, also:
ah**a**defa, eh**e**defe, auh**au**defau …

In der Hühnersprache beginnt die Erzählung von Hans Joachim Schädlich dann so:

Mohodefontahadefags, diehiedefienstahadefags, mihidefittwohodefochs, dohodefonnehedeferstahadefags, freiheidefeitahadefags uhudefund sohodefonnahadefabehedefends [...]

Die Fingersprache

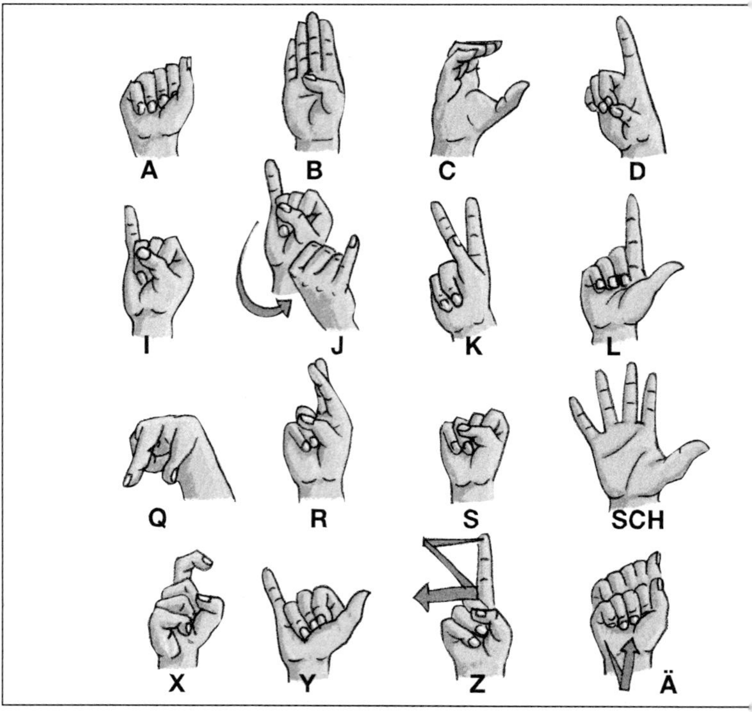

Die Fingersprache bzw. das Fingeralphabet ist keine Geheimsprache im eigentlichen Sinne. Sie gehört zu den sogenannten „Gebärdensprachen“ und wird von Menschen verwendet, die sich nicht mithilfe der gesprochenen Sprache unterhalten können. Für jeden einzelnen Buchstaben gibt es eine Hand- bzw. Fingerhaltung, die man leicht erlernen kann. Versucht es, indem ihr zunächst euren Na-

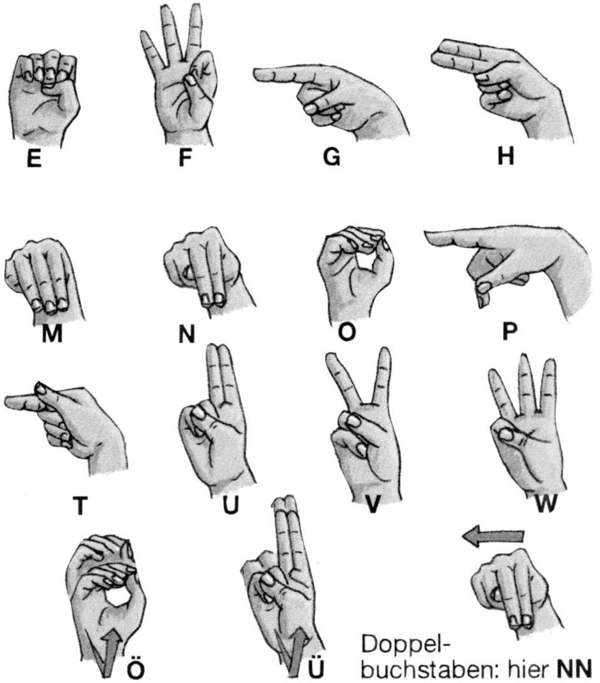

men oder den eines Freundes oder einer Freundin mit dem Fingeralphabet ausdrückt.

2.2 Geheimnisvolle Gedichte

Christian Morgenstern (1871 – 1914)
Gruselett

Der Flügelflagel gaustert
durchs Wiruwaruwolz,
die rote Fingur plaustert,
und grausig gutzt der Golz.

Morgenstern, Christian: Galgenlieder. Der Gingganz.
Frankfurt/M.: Insel Verlag 1938

Hugo Ball (1886 – 1927)

KARAWANE

jolifanto bambla ô falli bambla
grossiga m'pfa habla horem
égiga goramen
higo bloiko russula huju
hollaka hollala
anlogo bung
blago bung
blago bung
bosso fataka
ü üü ü
schampa wulla wussa ólobo
hej tatta gôrem
eschige zunbada
wulubu ssubudu uluw ssubudu
tumba ba- umf
kusagauma
ba - umf

(1917)

Dada Almanach. Berlin: Erich Reiss Verlag 1920, S. 53

Michael Ende (1929 – 1995)
Schnurpsenzoologie

Im Urwald, Forschern unbekannt;
lebt fröhlich der *Kamelefant.*

Durch Wüstensand trabt mit Gewackel
ein seltnes Tier, der *Dromedackel.*

Im bunten Federkleid ganz leis
meckert im Stall die *Papageis.*

Mit viel Gequiek und viel Gewerkel
fliegt auf den Baum das *Maikäferkel.*

Es pikt im Bett mal dort, mal da
gestreift und platt das *Wanzebra.*

Im Vogelkäfig riesengroß
singt das *Kanarhinozeros.*

Man zählt erstaunt der Beine sechse
(trotz Schwanz!) bei jeder *Ameidechse.*

Durchs Wasser schwimmt mit buntem Fittich
laut zwitschernd der *Forellensittich.*

Besonders schmerzenreiche Bisse
verursacht die *Nashornisse*.

Wohl weil er nackt ist, braucht er solch
ein Flügelpaar, der *Fledermolch*.

Ein Tier mit Haus, das kriecht, nennst du,
wenn's plötzlich hüpft: *Schneckänguru*.

Es wiehert süß mit offenem Maul
bei Mondenschein der *Nachtigaul*.

Mit Hörnern krabbeln durch die Tropen
die *Feuersalamantilopen*.

Zum Kämmen brauchst du einen Striegel
und Heldenmut beim *Krokodigel*.

Sehr scheu, und ganz und gar kein Krieger,
lebt im Gebirg' der *Murmeltiger*.

Durchs Fenster, ohne aufzustehn,
kann der *Giraffenpinscher* sehn.

Es schlängelt sich, im Maul ein Körnchen,
den Baum hinauf das *Blindschleichhörnchen*.

Du meinst, es gibt kein einz'ges Tier
von allen, die ich nannte hier?
Sei doch so gut und mal sie mir,
dann gibt es sie – auf dem Papier.

Ins Land der Fantasie. Gedichte für Kinder. Hrsg. von U. Remmers und U. Warmhold. Stuttgart: Reclam Verlag 2003, S. 69

James Krüss (1926 – 1997)

Das Feuer

Hörst du, wie die Flammen flüstern,
Knicken, knacken, krachen, knistern,
Wie das Feuer rauscht und saust,
Brodelt, brutzelt, brennt und braust?

Siehst du, wie die Flammen lecken,
Züngeln und die Zunge blecken,
Wie das Feuer tanzt und zuckt,
Trockne Hölzer schlingt und schluckt?

Riechst du, wie die Flammen rauchen,
Brenzlig, brutzlig, brandig schmauchen,
Wie das Feuer, rot und schwarz,
Duftet, schmeckt nach Pech und Harz?

Fühlst du, wie die Flammen schwärmen,
Glut aushauchen, wohlig wärmen,
Wie das Feuer, flackrig-wild,
Dich in warme Wellen hüllt?

Hörst Du, wie es leiser knackt?
Siehst du, wie es matter flackt?
Riechst du, wie der Rauch verzieht?
Fühlst du, wie die Wärme flieht?

Kleiner wird der Feuerbraus:
Ein letztes Knistern,
Ein feines Flüstern,
Ein schwaches Züngeln,
Ein dünnes Ringeln –
Aus.

Krüss, James: Der wohltemperierte Leierkasten. Gedichte für Kinder, Erwachsene und andere Leute. München: cbj 2013, S. 30 f.

2.3 Ein Tisch ist keine Hose

Peter Bichsel (geb. 1935)
Ein Tisch ist ein Tisch

Ich will von einem alten Mann erzählen, von einem Mann, der kein Wort mehr sagt, ein müdes Gesicht hat, zu müd zum Lächeln und zu müd, um böse zu sein. Er wohnt in einer kleinen Stadt, am Ende der Straße oder nahe der Kreuzung. Es lohnt sich fast nicht, ihn zu beschreiben, kaum etwas unterscheidet ihn von anderen. Er trägt einen grauen Hut, graue Hosen, einen grauen Rock und im Winter den langen grauen Mantel, und er hat einen dünnen Hals, dessen Haut trocken und runzelig ist, die weißen Hemdkragen sind ihm viel zu weit. Im obersten Stock des Hauses hat er sein Zimmer, vielleicht war er verheiratet und hatte Kinder, vielleicht wohnte er früher in einer andern Stadt. Bestimmt war er einmal ein Kind, aber das war zu einer Zeit, wo die Kinder wie Erwachsene angezogen waren. Man sieht sie so im Fotoalbum der Großmutter. In seinem Zimmer sind zwei Stühle, ein Tisch, ein Teppich, ein Bett und ein Schrank. Auf einem kleinen Tisch steht ein Wecker, daneben liegen alte Zeitungen und das Fotoalbum, an der Wand hängen ein Spiegel und ein Bild. Der alte Mann machte morgens einen Spaziergang und nachmittags einen Spaziergang, sprach ein paar Worte mit seinem Nachbarn, und abends saß er an seinem Tisch.

Das änderte sich nie, auch sonntags war das so. Und wenn der Mann am Tisch saß, hörte er den Wecker ticken, immer den Wecker ticken.

Dann gab es einmal einen besonderen Tag, einen Tag mit Sonne, nicht zu heiß, nicht zu kalt, mit Vogelgezwitscher, mit freundlichen Leuten, mit Kindern, die spielten – und das Besondere war, dass das alles dem Mann plötzlich gefiel.

Er lächelte.

„Jetzt wird sich alles ändern“, dachte er. Er öffnete den obersten Hemdknopf, nahm den Hut in die Hand, beschleunigte seinen Gang, wippte sogar beim Gehen in den Knien und freute sich. Er kam in seine Straße, nickte den Kindern zu, ging vor sein

Haus, stieg die Treppe hoch, nahm die Schlüssel aus der Tasche und schloss sein Zimmer auf.

Aber im Zimmer war alles gleich, ein Tisch, zwei Stühle, ein Bett. Und wie er sich hinsetzte, hörte er wieder das Ticken, und alle Freude war vorbei, denn nichts hatte sich geändert. Und den Mann überkam eine große Wut. Er sah im Spiegel sein Gesicht rot anlaufen, sah, wie er die Augen zukniff; dann verkrampfte er seine Hände zu Fäusten, hob sie und schlug mit ihnen auf die Tischplatte, erst nur einen Schlag, dann noch einen, und dann begann er auf den Tisch zu trommeln und schrie dazu immer wieder:

„Es muss sich etwas ändern.“ Und er hörte den Wecker nicht mehr. Dann begannen seine Hände zu schmerzen, seine Stimme versagte, dann hörte er den Wecker wieder, und nichts änderte sich. „Immer derselbe Tisch“, sagte der Mann, „dieselben Stühle, das Bett, das Bild. Und zu dem Tisch sage ich Tisch, zu dem Bild sage ich Bild, das Bett heißt Bett, und den Stuhl nennt man Stuhl. Warum denn eigentlich?“ Die Franzosen sagen zu dem Bett „li“, zu dem Tisch „tabl“, nennen das Bild „tablo“ und den Stuhl „schäs“, und sie verstehen sich. Und die

Chinesen verstehen sich auch. „Warum heißt das Bett nicht Bild?“, dachte der Mann und lächelte, dann lachte er, lachte, bis die Nachbarn an die Wand klopften und „Ruhe“ riefen.

„Jetzt ändert es sich“, rief er, und er sagte von nun an zu dem Bett „Bild“.

„Ich bin müde, ich will ins Bild“, sagte er, und morgens blieb er oft lange im Bild liegen und überlegte, wie er nun zu dem Stuhl sagen wolle, und er nannte den Stuhl „Wecker“. Hie und da träumte er schon in der neuen Sprache, und dann übersetzte er die Lieder aus seiner Schulzeit in seine Sprache, und er sang sie leise vor sich hin.

Er stand also auf, zog sich an, setzte sich auf den Wecker und stützte die Arme auf den Tisch. Aber der Tisch hieß jetzt nicht mehr Tisch, er hieß jetzt Teppich. Am Morgen verließ also der Mann das Bild, zog sich an, setzte sich an den Teppich auf den Wecker und überlegte, zu wem er wie sagen könnte.

Zu dem Bett sagte er Bild. Zu dem Tisch sagte er Teppich. Zu dem Stuhl sagte er Wecker. Zu der Zeitung sagte er Bett. Zu dem Spiegel sagte er Stuhl. Zu dem Wecker sagte er Fotoalbum. Zu dem Schrank sagte er Zeitung. Zu dem Teppich sagte er

Schrank. Zu dem Bild sagte er Tisch. Und zu dem Fotoalbum sagte er Spiegel. Also: Am Morgen blieb der alte Mann lange im Bild liegen, um neun läutete das Fotoalbum, der Mann stand auf und stellte sich auf den Schrank, damit er nicht an den Füßen fror, dann nahm er seine Kleider aus der Zeitung, zog sich an, schaute in den Stuhl an der Wand, setzte sich dann auf den Wecker an den Teppich und blätterte den Spiegel durch, bis er den Tisch seiner Mutter fand.

Der Mann fand das lustig, und er übte den ganzen Tag und prägte sich die neuen Wörter ein. Jetzt wurde alles umbenannt: Er war jetzt kein Mann mehr, sondern ein Fuß, und der Fuß war ein Morgen und der Morgen ein Mann.

Jetzt könnt ihr die Geschichte selbst weiterschreiben. Und dann könnt ihr, so wie es der Mann machte, auch die andern Wörter austauschen:

läuten heißt stellen, frieren heißt schauen, liegen heißt läuten, stehen heißt frieren, stellen heißt blättern. Sodass es dann heißt: Am Mann blieb der alte Fuß lange im Bild läuten, um neun stellte das Fotoalbum, der Fuß fror auf und blätterte sich aus dem Schrank, damit er nicht an den Morgen schaute. Der alte Mann kaufte sich blaue Schulhefte und schrieb sie mit den neuen Wörtern voll, und er hatte viel zu tun damit, und man sah ihn nur noch selten auf der Straße. Dann lernte er für alle Dinge die neuen Bezeichnungen und vergaß dabei mehr und mehr die richtigen. Er hatte jetzt eine neue Sprache, die ihm ganz allein gehörte. Aber bald fiel ihm auch das Übersetzen schwer, er hatte seine alte Sprache fast vergessen, und er musste die richtigen Wörter in seinen blauen Heften suchen. Und es machte ihm Angst, mit den Leuten zu sprechen.

Er musste lange nachdenken, wie die Leute zu den Dingen sagen.

Zu seinem Bild sagen die Leute Bett. Zu seinem Teppich sagen die Leute Tisch. Zu seinem Wecker sagen die Leute Stuhl. Zu seinem Bett sagen die Leute Zeitung. Zu seinem Stuhl sagen die Leute Spiegel. Zu seinem Fotoalbum sagen die Leute Wecker. Zu seiner Zeitung sagen die Leute Schrank. Zu seinem Schrank sagen die Leute Teppich. Zu seinem Spiegel sagen die Leute Fotoalbum. Zu seinem Tisch sagen die Leute Bild.

Und es kam so weit, dass der Mann lachen musste, wenn er die Leute reden hörte.

Er musste lachen, wenn er hörte, wie jemand sagte: „Gehen Sie morgen auch zum Fußballspiel?“ Oder wenn jemand sagte: „Jetzt regnet es schon zwei Monate lang.“ Oder wenn jemand sagte. „Ich habe einen Onkel in Amerika.“

Er musste lachen, weil er all das nicht verstand.

Aber eine lustige Geschichte ist das nicht. Sie hat traurig angefangen und hört traurig auf. Der alte Mann im grauen Mantel konnte die Leute nicht mehr verstehen, das war nicht so schlimm. Viel schlimmer war, sie konnten ihn nicht mehr verstehen. Und deshalb sagte er nichts mehr.

Bichsel, Peter: Kindergeschichten. Neuwied: Luchterhand Verlag 1969

3. Texte zum Vergleich

In diesem Kapitel sind Texte enthalten, die alle in irgendeiner Form an die Handlung und die Figuren aus Hans Joachim Schädlichs Erzählung „Der Sprachabschneider" erinnern.

Zunächst geht es um Timm Thaler, die Hauptfigur aus dem Roman „Timm Thaler oder das verkaufte Lachen" von James Krüss. Timm lässt sich wie Paul auf einen gefährlichen Handel ein.

Um Schwierigkeiten mit der Sprache geht es in den Auszügen aus dem Roman „Alice hinter den Spiegeln" des englischen Schriftstellers Lewis Carroll.

Das Kapitel endet mit dem bekannten Märchen „Rumpelstilzchen" der Gebrüder Grimm. Was diese merkwürdige Figur mit Vielolog zu tun hat, ist euch vielleicht schon aufgefallen.

James Krüss (1926 – 1997)
Timm Thaler oder das verkaufte Lachen

Der Roman „Timm Thaler oder das verkaufte Lachen“ handelt davon, dass der Junge Timm sein besonders fröhliches und gewinnendes Lachen verkauft. Ein sehr seltsamer Mann bietet ihm dafür die Fähigkeit, jede Wette zu gewinnen. Da er Timm dieses Angebot auf einer Rennbahn unterbreitet, bedeutet das für Timm unermesslichen Reichtum. Mit der Rennbahn verbindet Timm die schönen Erinnerungen an seinen Vater, den der seltsame Mann zu kennen vorgibt. Außerdem hat Timm kurz zuvor von den Schulden seiner Stiefmutter erfahren. So lässt er sich auf den Handel ein, ohne darüber nachzudenken, welche Konsequenzen das verlorene Lachen für ihn haben wird. Doch diese Konsequenzen spürt er sofort: Ohne sein Lachen ist er seinen Mitschülern und seiner Familie unheimlich. Er ist schon bald isoliert und empfindet ohne Lachen auch

keine rechte Freude mehr am Leben. So bricht er auf zu einer abenteuerlichen Reise, fest entschlossen, nicht aufzugeben, bis er sein Lachen zurückerlangt hat.

Timm macht so eine ganz ähnliche Erfahrung wie Paul. Er lässt sich auf ein Geschäft ein, dessen Folgen er nicht durchschaut, und er erfährt erst nach und nach, was er da eigentlich aufgegeben hat. Die erste Textstelle „Baron Lefuet, der seltsame Herr" nimmt den Baron Leufet in den Blick, der Timms Widersacher ist, wie Vielolog für Paul.

Der Vertrag, den Timm abschließt, um sein Lachen zu verkaufen, kann mithilfe der zweiten Textstelle „Der Pakt" beleuchtet werden.

In der dritten Textstelle „Timms Leben ohne sein Lachen" wird deutlich, wie Timm unter seiner Entscheidung leidet.

Baron Lefuet, der seltsame Herr

Sonntags geht Timm manchmal auf die Rennbahn. Das ist der Ort, an den sein verstorbener Vater ihn gerne mitgenommen hat. Eines Tages begegnet er hier einem eigenartigen Herrn:

Ein Herr in Timms Nähe, der das drollige Lachen gehört hatte, drehte mit einem Ruck den Kopf und betrachtete den Jungen aufmerksam. Er strich sich nachdenklich das lange Kinn und ging dann kurz entschlossen auf den Jungen zu, aber so, dass er haarscharf an Timm vorübereilte und ihm dabei auf den Fuß trat.

„Verzeihung, Kleiner", sagte er dabei. „Es war nicht meine Absicht."

„Das macht nichts", lachte Timm. „Ich habe sowieso staubige Schuhe." Dabei warf er einen Blick auf seine Füße und sah plötzlich vor sich auf dem Rasen ein blankes Fünfmarkstück[1] liegen. Der Herr war weitergeeilt, und niemand stand in Timms Nähe. Da setzte der Junge rasch einen Fuß auf die Münze, sah sich misstrauisch um, tat, als wolle er seine Schnürsenkel binden, hob schnell und verstohlen das Geldstück auf und ließ es in die Tasche gleiten.

Betont langsam schlenderte Timm weiter, als ein langer, dürrer Herr in einem karierten Anzug auf ihn zutrat und fragte: „Na, Timm, willst du wetten?"

Der Junge sah verstört zu dem Unbekannten auf. Er

[1] Fünfmarkstück: die größte Münze, als es noch die D-Mark in Deutschland gab

bemerkte nicht, dass es derselbe Herr war, der ihn kurz zuvor auf den Fuß getreten hatte.

Der Fremde hatte einen Mund wie ein Strich und eine schmale Hakennase, unter der ein ganz dünner schwarzer Schnurrbart saß. Über stechenden, wasserblauen Augen hatte er eine Ballonmütze tief in die Stirn gezogen. Und die Mütze war so kariert wie der Anzug des Unbekannten. Timm fühlte, als der Herr ihn so unvermittelt ansprach, einen Kloß in der Kehle. „Ich ... ich habe kein Geld zum Wetten“, brachte er schließlich stockend hervor.

„Doch, du hast fünf Mark“, sagte der Fremde. Dann fügte er in leichtem Ton hinzu: „Ich sah zufällig, wie du das Geld fandest. Falls du damit wetten willst, nimm diesen Schein. Ich habe ihn schon ausgefüllt. Ein todsicherer Tipp.“

Timm, der abwechselnd blass und rot geworden war, bekam jetzt im Gesicht langsam seine natürliche Farbe zurück, eine Art Haselnussbraun (ein Erbteil seiner Mutter). Er sagte: „Kinder dürfen nicht wetten, glaube ich.“ Und wieder sprach er mit Stocken.

Aber der Fremde ließ nicht locker. „Dieser Rennplatz“, sagte er, „ist einer der wenigen, auf denen

Kindern das Wetten nicht ausdrücklich verboten ist. Ich gebe zu, dass es auch nicht ausdrücklich erlaubt ist; aber immerhin gestattet man es. Also, Timm, wie denkst du über meinen Vorschlag?“

„Ich kenne Sie ja gar nicht“, sagte Timm leise. (Erst jetzt fiel ihm auf, dass der Herr ihn mit seinem Vornamen angeredet hatte.)

„Aber ich weiß sehr viel von dir“, erklärte der Fremde. „Ich kannte deinen Vater.“

Das gab den Ausschlag. Zwar konnte der Junge sich schwer vorstellen, dass sein Vater mit einem so merkwürdig feinen Herrn Umgang gehabt hatte; aber da der Fremde Timms Namen wusste, musste er wohl in irgendeiner Form mit dem Vater bekannt gewesen sein.

Nach kurzem Zögern nahm Timm den ausgefüllten Wettschein an, holte das Fünfmarkstück aus seiner Tasche und ging zum Schalter. Das zweite Rennen wurde gerade durch Lautsprecher angekündigt. Deshalb rief der Fremde: „Mach schnell, ehe der Schalter geschlossen wird. Du wirst sehen, ich bringe dir Glück!“

Der Junge gab dem Fräulein am Schalter Geld und Schein und bekam einen Wettabschnitt zurück. Als

er sich wieder dem unbekannten Herrn zuwenden wollte, war er verschwunden.
Das zweite Rennen begann und das Pferd, auf das Timm gesetzt hatte, gewann mit fünf Längen Vorsprung. Der Junge erhielt am Schalter so viele Geldscheine, wie er sie noch nie auf einem Haufen gesehen hatte.

Krüss, James: Timm Thaler oder das verkaufte Lachen. Hamburg: Oetinger Verlag 2017, S. 31 – 33

Der Pakt

Bei ihrem letzten Treffen auf der Rennbahn hat der seltsame Herr Timm vorgeschlagen, ein Geschäft abzuschließen.

Endlich begann der karierte Herr vom Geschäft zu reden: „Mein lieber Timm“, fing er an, „ich biete dir Geld, so viel du willst. Ich kann es dir nicht in klingender Münze auf den Tisch zählen. Aber ich kann dir die Fähigkeit verleihen, jede Wette zu gewinnen, jede, verstehst du?“
Timm nickte beklommen[1], hörte aber genau zu.

[1] beklommen: bedrückt, gehemmt

„Natürlich verleihe ich dir diese Fähigkeit nicht umsonst, das wirst du verstehen. Solch eine Fähigkeit hat ihren Wert.“

Wieder ein Kopfnicken. Und dann Timms erregte Frage: „Was verlangen Sie?“

Einen Augenblick zögerte der Fremde und sah Timm nachdenklich an. „Was ich ver – lan – ge, möch – test du wis – sen?“ Er zerdehnte die Wörter wie Kaugummi. Aber dann überstürzten sich die Wörter so, dass man sie kaum verstehen konnte: „chvriangedeinichendfür!“

Der Fremde merkte wohl, dass er zu schnell und zu unverständlich gesprochen hatte. So wiederholte er den Satz:

„Ich verlange dein Lachen dafür.“

„Mehr nicht?“, fragte Timm lachend.

Aber als die braunen Augen ihn merkwürdig, fast traurig ansahen, verstummte das Lachen ohne den gewöhnlichen Schlussschlucker.

„Also?“, fragte der karierte Herr. „Einverstanden?“

Timms Blick fiel zufällig auf den Bienenstich auf seinem Teller. Er musste an Frau Bebber und an die Schulden und an all die Dinge denken, die er mit dem vielen Geld kaufen konnte. Und er sagte:

„Wenn das ein richtiges Geschäft ist, bin ich einverstanden."

„Schön, Junge, dann wäre noch ein Vertrag zu unterschreiben."

Der karierte Herr zog ein Papier aus der Brusttasche, faltete es auseinander, legte es vor Timm auf den Tisch und sagte: „Lies ihn genau durch!"

Und Timm las:

1. *Dieser Vertrag wird zwischen Herrn L. Lefuet einerseits und Herrn Timm Thaler andererseits am … in … geschlossen und in zwei gleichlautenden Exemplaren von beiden Parteien unterschrieben.*

„Was heißt Parteien?", fragte Timm.

„So werden die beiden Partner in Verträgen genannt!"

„Aha!"

Timm las weiter.

2. *Herr Timm Thaler vermacht hiermit Herrn L. Lefuet sein Lachen zu beliebigem Gebrauche.*

Als Timm zum zweiten Male die Worte „Herr Timm Thaler" gelesen hatte, kam er sich beinahe erwachsen vor. Schon dieser drei Worte wegen war er be-

reit, den Vertrag zu unterschreiben. Er ahnte nicht, wie dieser kleine Punkt zwei sein ganzes Leben ändern sollte.
Er las weiter.

3. Als Entgelt für das Lachen verpflichtet sich Herr L. Lefuet, dafür zu sorgen, dass Herr Timm Thaler jede Wette gewinnt. Dies gilt ohne Einschränkung.

Timms Herz schlug höher. Weiter:

4. Beide Parteien sind verpflichtet, über diese Abmachung vollstes Stillschweigen zu bewahren.

Timm nickte vor sich hin.

5. Für den Fall, dass eine der beiden Parteien Dritten gegenüber diese Abmachung erwähnt und die im Punkt 4 festgelegte Verpflichtung zum Stillschweigen bricht, bleibt die andere Partei im Genusse der Fähigkeit a) zu lachen oder b) Wetten zu gewinnen, während die schuldige Partei die Fähigkeit, a) zu lachen oder b) Wetten zu gewinnen, in vollem Umfange verliert.

„Das habe ich nicht verstanden“, sagte Timm stirnrunzelnd.

Herr Lefuet – jetzt wissen wir endlich seinen Namen – erklärte es ihm: „Schau, Timm, wenn du die Schweigepflicht brichst und irgendjemandem von dieser Abmachung erzählst, verlierst du die Fähigkeit, Wetten zu gewinnen, aber dein Lachen bekommst du auch nicht zurück. Wenn es umgekehrt ist und ich rede darüber, dann bekommst du dein Lachen zurück und behältst trotzdem die Fähigkeit, Wetten zu gewinnen."

„Ich verstehe", sagte Timm. „Schweigen heißt: Reich sein ohne Lachen. Reden heißt: Arm sein, aber auch ohne Lachen."

„Genau das, Timm. Aber lies weiter."

Und Timm las:

6. *Sollte der Fall eintreten, dass Herr Timm Thaler eine Wette verliert, so verpflichtet sich Herr L. Lefuet, Herrn Timm Thaler sein Lachen zurückzugeben. Allerdings verliert Herr Timm Thaler damit auch die Fähigkeit, weiterhin Wetten zu gewinnen.*

„Das ist so ...", wollte Herr Lefuet erklären. Aber Timm hatte es schon begriffen und fiel ihm ins Wort: „Ich weiß: Wenn ich später eine Wette verliere, dann bekomme ich mein Lachen zurück, gewinne aber keine Wette mehr." Er las flüchtig den letzten Punkt durch:

7. Diese Vereinbarung gilt von dem Augenblick an, in dem beide Parteien unter die zwei Exemplare ihre Unterschrift gesetzt haben.
Ort ...... Datum ......

Links hatte Herr Lefuet bereits unterschrieben. Timm fand, dass dies ein ordentlicher Vertrag war. Er nahm einen Bleistiftstummel aus der Tasche und wollte unterschreiben. Aber Herr Lefuet hinderte ihn daran. „Wir müssen mit Tinte unterschreiben", sagte er und reichte Timm einen Füllfederhalter, der aus purem Gold zu sein schien und sich merkwürdig warm anfühlte, so, als sei er mit lauwarmem Wasser gefüllt. Aber der Junge bemerkte weder das Gold noch die Wärme des Füllfederhalters. Er dachte nur an seinen künftigen Reichtum und setzte unter die beiden Dokumente kühn seinen Namen. Er unterschrieb mit roter Tinte.

Kaum war dies geschehen, als Herr Lefuet auf die allerhübscheste Weise zu lachen anfing und Danke schön sagte. Timm sagte Bitte sehr und versuchte, ebenfalls zu lachen, aber brachte nicht einmal ein

Lächeln zustande. Seine Lippen pressten sich gegen seinen Willen aufeinander, und sein Mund wurde ein schmaler Strich.

Krüss, James: Timm Thaler oder das verkaufte Lachen. Hamburg: Oetinger Verlag 2017, S. 49 – 53

Timms Leben ohne sein Lachen

Timm kann dank seiner neuen Fähigkeit eine Menge Geld auf der Rennbahn gewinnen. Zuerst genießt er den Reichtum und die Anerkennung, doch schon bald bemerkt er die Schattenseiten seiner Entscheidung.

Timm war der Held des Tages. Bei den Nachbarn, in der Schule und teilweise sogar zu Hause. Die Stiefmutter, die plötzlich einen Pelzkragen am Mantel hatte, war vorsichtig geworden im Umgang mit Timm; sein Stiefbruder überfiel ihn bei allen Gelegenheiten mit Fragen über Pferderennen; die Nachbarn nannten ihn, teils scherzend, teils neidisch, den „kleinen Millionär“; und auf dem Schulhof riss man sich förmlich um ihn.
Den Jungen freute die allgemeine Aufmerksamkeit. Er hatte seinen drei Mitschülern das Petzen und

seiner Stiefmutter die Schläge längst verziehen. Gern hätte er jetzt mit aller Welt gescherzt. Aber das ging nicht mehr. Wenn er zu lachen versuchte, grinste er frech.

Bald versuchte er gar nicht mehr, zu lachen oder witzig zu sein. Er gewöhnte sich daran, ein ernstes Gesicht zu machen.

Da sagten die Nachbarn: „Er ist hochmütig geworden.“

Die Mitschüler fingen an ihn zu meiden, als ihre Neugierde befriedigt war, und sogar die Stiefmutter, die jetzt etwas ruhiger war als vorher, nannte ihn einen Sauertopf[1].

Übrigens sagte die Stiefmutter nie wieder, dass Wettgeld nicht ehrlich verdient sei. Sie fand Pferderennen plötzlich ehrenhaft und gesetzlich. Sie fragte Timm sogar, ob er von dem Geld zwanzig Mark haben wolle, damit er am Sonntag noch einmal wetten könne.

---

[1] Sauertopf: ursprünglich ein Gefäß, in dem sauer gewordene Weinreste aufbewahrt wurden, aus denen Essig hergestellt wurde; hier: humorloser Mensch

Einige Zeit später macht Timm seinen Schulabschluss. Die Stiefmutter erwartet, dass er eine Lehre in einem Wettbüro macht, doch er hat andere Pläne.

„Ich gehe aber nicht in ein Wettbüro. Ich will zur See fahren“, sagte Timm.
Nun wurde die Stiefmutter erst ärgerlich, dann zornig und am Ende rührselig. Sie fing wie gewöhnlich an zu weinen und rief, er wolle sie alleinlassen, damit sie im Alter kein Geld mehr habe und betteln müsse, und er wolle sie und seinen Bruder Erwin ins Unglück stürzen und allein ein reicher Mann werden, und überhaupt habe er nie ein Herz für die Familie gehabt. Er könne ja nicht einmal mehr lachen.
Die letzte Bemerkung traf Timm schwerer, als die Stiefmutter ahnte. Das Blut schoss ihm in den Kopf. Er wäre am liebsten davongerannt. Aber seit er sein Lachen verloren hatte, hatte er so sehr an Selbstbeherrschung gewonnen, dass es für einen Jungen in seinem Alter beängstigend war. Auch diesmal konnte er sich so beherrschen, dass die Stiefmutter von seiner Erregung nichts bemerkte außer der Röte in seinem Gesicht.

„Gib mir am nächsten Sonntag ebenso viel Geld wie damals, als ich zuletzt gewettet habe“, sagte er. „Ich werde wahrscheinlich viel gewinnen.“

Ehe die Stiefmutter zugestimmt hatte, verließ Timm die Wohnung und rannte an den Fluss, setzte sich auf eine abgelegene Uferbank und versuchte, seiner Erregung Herr zu werden. Aber diesmal gelang es ihm nicht. Er weinte. Und weil er nicht weinen wollte, schüttelte ihn das Schluchzen umso schlimmer, bis er sich endlich seiner Verzweiflung überließ. Da hörte das Weinen und das Geschütteltwerden nach und nach auf, und nun fing dieser vierzehnjährige Junge kühl und ruhig an, über seine Zukunft nachzudenken.

Er beschloss, am folgenden Sonntag wieder auf einen Außenseiter zu setzen und viel Geld zu gewinnen. Das Geld sollte die Stiefmutter bekommen, und dann wollte er sie und Erwin verlassen und einfach davonlaufen. Vielleicht würde er Schiffsjunge werden, vielleicht etwas anderes. Um das Geld brauchte er sich keine Sorgen zu machen. Wetten kann man überall. Am Reichsein – das wusste er jetzt – hatte er ohnedies keinen Spaß. Er

hatte sein Lachen verkauft für etwas, was er gar nicht brauchte.
Und nun beschloss der Junge auf der Uferbank am Fluss etwas viel Wichtigeres: Er wollte sein Lachen zurückgewinnen. Er wollte seinem Lachen nachlaufen. Er wollte Herrn Lefuet suchen, wo immer auf der Welt er sein mochte.

Krüss, James: Timm Thaler oder das verkaufte Lachen. Hamburg: Oetinger Verlag 2017, S. 65, 74 – 76

Lewis Carroll (1832 – 1898)
Alice hinter den Spiegeln

Der Roman „Alice hinter den Spiegeln", der zweite Band nach dem noch bekannteren Werk „Alice im Wunderland", hat an verschiedenen Stellen das Nachdenken über Sprache und das Spiel mit ihr zum Thema.
Der weiße König der Schachfiguren macht eine ähnliche Erfahrung wie Paul: Er ist nicht mehr Herr seiner Sprache. Das liegt jedoch nicht daran, dass ihm

Wortarten fehlen, sondern daran, dass die für ihn unsichtbare Alice seinen Stift führt. So kann er beim Schreiben nicht seine eigenen Gedanken und Gefühle zu Papier bringen, sondern nur das, was Alice sich ausdenkt. Davon handelt der erste Textauszug „Der weiße König“.

Im zweiten Textauszug „Jabberwocky“ geht es um ein eigenartiges Gedicht, das Alice in einem Buch findet. Auch hier gibt es Schwierigkeiten mit der Sprache. Alice kann das Gedicht kaum verstehen, weil viele Wörter darin vorkommen, die ihr zuvor nie begegnet sind.

Schließlich lernt sie das merkwürdige Ei Humpty Dumpty kennen. Humpty Dumpty hält sich selbst für einen großen Sprachexperten. Das zeigt sich darin, dass er Wörter nicht in ihrer eigentlichen Bedeutung verwendet, sondern so, wie er es möchte. Dass er dann nicht verstanden werden kann, ist ihm gleichgültig. Alice muss ihn daher nach der Bedeutung einiger Wörter fragen. Sie denkt darüber nach, ob es möglich ist, die Bedeutung von Wörtern einfach zu verändern.

Doch Humpty Dumpty erweist sich trotzdem noch als hilfreich. Er erklärt ihr die fremden Wörter aus dem

Gedicht, das sie zuvor nicht verstanden hat. Von dieser Begegnung handelt der dritte Textauszug „Humpty Dumpty, der Wortexperte".

Der weiße König

An einem langweiligen Nachmittag stellt sich die neugierige und fantasievolle Alice vor, dass sich hinter dem Spiegel ein Spiegelhaus befindet. Tatsächlich löst sich das Spiegelglas in Nebel auf und Alice gelangt in ein schönes Kaminzimmer, in dem sie ein ganz besonderes Schachbrett findet: Alle Figuren sind lebendig. Die roten und weißen Figuren können Alice weder hören noch sehen. Sie sind mit sich selbst beschäftigt, da sie irgendwie im Kamin gelandet sind und nun zurück auf den Tisch gelangen möchten. Alice versucht, ihnen zu helfen, schneller an ihr Ziel zu kommen, indem sie sie hochhebt und auf dem Tisch wieder abstellt. Das bekommt den Schachfiguren schlecht. Der weißen Königin verschlägt es den Atem. Noch übler erwischt es den weißen König.

Sofort kippte der König nach hinten um und blieb bewegungslos flach auf dem Rücken liegen. Alice war ein wenig beunruhigt darüber, was sie angerichtet hatte, und lief im Zimmer umher, um Wasser zu suchen, mit dem sie ihn bespritzen konnte. Allerdings fand sie nur ein Fässchen mit Tinte, und als sie damit zurückkam, war der König wieder zu sich gekommen und sprach in ängstlichem Flüsterton mit der Königin – so leise, dass Alice die beiden kaum verstehen konnte.

Der König sagte: „Ich kann dir versichern, meine Liebe, es fuhr mir eiskalt bis in die Spitzen meines Schnurrbarts!"

Worauf die Königin erwiderte: „Aber du hast doch überhaupt keinen Schnurrbart."

„Ich werde das entsetzliche Grauen dieses Augenblicks niemals, wirklich niemals vergessen!", fuhr der König fort.

„Wirst du doch", sagte die Königin, „wenn du es dir nicht aufschreibst."

Alice beobachtete mit großem Interesse, wie der König ein gewaltiges Notizbuch aus der Tasche zog und anfing, hineinzuschreiben. Plötzlich kam ihr ein Gedanke, und sie fasste das hintere Ende des Bleistifts, der über die Schulter des Königs herausragte, und fing an, für ihn zu schreiben.

Der arme König machte ein verwirrtes, unglückliches Gesicht, kämpfte jedoch einige Zeit still gegen den Bleistift an, aber Alice war zu stark für ihn, sodass er schließlich hervorstieß: „Meine Liebe, ich muss mir wirklich einen dünneren Bleistift besorgen. Mit diesem hier komme ich überhaupt nicht zurecht, der schreibt lauter Sachen, die ich gar nicht schreiben möchte …"

„Was denn für Sachen?", fragte die Königin und warf einen Blick in das Buch (in das Alice geschrieben hatte: „Der weiße Ritter rutscht den Schürhaken[1] hinunter. Ständig verliert er das Gleichgewicht."). „Das ist aber keine Notiz zu deinen Gefühlen!"

Carrol, Lewis: Alice hinter den Spiegeln. Mit Illustrationen von Robert Ingpen. Aus dem Englischen von Gundula Müller-Wallraf. München: Knesebeck Verlag 2015, S. 25 f.

[1] Schürhaken: Eisenstange mit Haken, mit der die Glut im Ofen verteilt wird

Jabberwocky

Nachdem Alice den Bleistift des Königs geführt hat, fällt ihr Blick auf ein Buch, das auf dem Tisch liegt. Dort liest sie ein eigenartiges Gedicht.

Neben Alice lag ein Buch auf dem Tisch, und während sie den weißen König im Auge behielt (denn sie war noch immer besorgt und hatte die Tinte griffbereit, um sie ihm ins Gesicht zu schütten, falls er wieder ohnmächtig werden sollte), blätterte sie darin auf der Suche nach etwas, das sie lesen konnte. „Hier steht alles in einer Sprache, die ich nicht verstehe“, sagte sie zu sich.
Das sah so aus.

Jabberwocky
Schon zwimmrig war's und flichte Huschen
karusten und drillten im Gestück.
Gar zuppig zwischen Fieselfuschen,
und fevauste Grumpen bifften zurück.

Sie grübelte eine Weile, was das bedeuten könnte, bis ihr plötzlich eine kluge Idee kam. „Ach, aber natürlich, das ist ein Spiegelbuch! Wenn ich es vor

den Spiegel halte, laufen alle Wörter in die richtige Richtung.“
Das Gedicht, das Alice nun las, ging wie folgt:

Jabberwocky

Schon zwimmrig war’s und flichte Huschen
karusten und drillten im Gestück.
Gar zuppig zwischen Fieselfuschen,
und fevauste Grumpen bifften zurück.

„Bleib fern dem Jabberwock, mein Kind,
den malmenden Kiefern und reißenden Klauen!
Dem Hickhackvogel entfliehe geschwind,
den braustigen Bandersnatch meide in Grauen.“

Dann zog er sein tödliches Schwert heraus
und jagte den drusen Feind lange Zeit.
Am Tumtumbaum schließlich ruhte er aus,
in mormen Gedanken, zu allem bereit.

Und wie er so hasserschroffen sann,
der Jabberwock mit Augen von Feuer,
kam gronnernd durch den finstern Tann
ein drößendes, schnauchendes Ungeheuer.

Hinauf und hinunter und zipp-zarapp
glitt das tödliche Schwert durch des Untiers Genick.
Tot blieb es liegen, in trumpfen Trab
ritt der Recke mit dessen Kopf zurück.

„Hast du erschlagend den Jabberwock gar?
So lass dich umarmen, mein stralzer Junge!
O, glorreicher Tag! Hurri und hurra!“,
so gurgste der Vater mit bebender Zunge.

Schon zwimmrig war's und flichte Huschen
karusten und drillten im Gestück.
Gar zuppig zwischen Fieselfuschen,
und fevauste Grumpen bifften zurück.

„Das klingt aber schön“, sagte Alice, als sie fertig gelesen hatte. „Allerdings ist es nicht ganz leicht zu verstehen!“ (Alice wollte noch nicht einmal sich selbst gegenüber zugeben, dass sie eigentlich keine Ahnung hatte, worum es in dem Gedicht ging, musst du wissen!) „Irgendwie füllt es meinen Kopf mit Bildern – ich weiß nur nicht genau, mit welchen! Auf jeden Fall hat irgendjemand irgendetwas erschlagen, so viel steht fest.“

Carrol, Lewis: Alice hinter den Spiegeln. Mit Illustrationen von Robert Ingpen. Aus dem Englischen von Gundula Müller-Wallraf. München: Knesebeck Verlag 2015, S. 26 – 30

Humpty Dumpty, der Wortexperte

Im Wunderland begegnet Alice auch dem eigenartigen sprechenden Ei Humpty Dumpty. Humpty Dumpty ist sehr gebildet und kennt sich gut mit Sprache aus. Allerdings hat er zuweilen einen recht eigenwilligen Umgang mit Wörtern.
Humpty Dumpty berichtet, dass im Wunderland nicht nur der Geburtstag, sondern auch der Nichtgeburtstag gefeiert werde. Alice ist zunächst der Meinung, dass sie Geburtstage lieber möge, doch Humpty Dumpty weist sie darauf hin, dass man im Jahr 364-mal Nichtgeburtstagsgeschenke erhalten könne, jedoch nur einmal Geburtstagsgeschenke.

„[…] Und das beweist, dass es dreihundertvierundsechzig Tage gibt, an denen man Nichtgeburtstagsgeschenke bekommen kann –“
„Das ist wahr“, sagte Alice.
„Und nur *einen* für Geburtstagsgeschenke. Da hast du deine Herrlichkeit!“
„Ich verstehe nicht ganz, was Sie dabei mit ‚Herrlichkeit‘ meinen“, sagte Alice.
Humpty Dumpty lächelte verächtlich. „Natürlich

verstehst du das nicht – bis ich es dir erkläre. Ich meinte: ‚Da hast du dein durchschlagendes Argument!'“

„Aber ‚Herrlichkeit' bedeutet doch etwas ganz anderes als ‚durchschlagendes Argument'“, widersprach Alice.

„Wenn *ich* ein Wort verwende“, sagte Humpty Dumpty höhnisch, „bedeutet es ganz genau, was ich möchte, dass es bedeutet – nicht mehr und nicht weniger.“

„Die Frage ist nur“, überlegte Alice, „ob man Wörter einfach alles Mögliche bedeuten lassen kann.“

„Die Frage ist“, sagte Humpty Dumpty, „wer der Herr im Haus ist – nichts weiter.“

Alice war viel zu durcheinander, um irgendetwas zu sagen, also ergriff Humpty Dumpty wenig später wieder das Wort.

„Sie sind wirklich launisch, diese Wörter – zumindest einige, besonders die Verben. Das sind die stolzesten. Adjektive lassen sich alles gefallen, aber Verben nicht – ich werde selbstverständlich auch mit denen fertig! Undurchdringlichkeit, kann ich da nur sagen!“

„Könnten Sie mir bitte erklären“, bat Alice, „was das bedeutet?!“

„Na, langsam scheinst du ja Vernunft anzunehmen“, sagte Humpty Dumpty sichtlich erfreut. „Mit Undurchdringlichkeit meinte ich, dass wir nun genug über dieses Thema gesprochen haben und du mir also ebenso gut mitteilen könntest, was du noch vorhast, weil du wahrscheinlich nicht für den Rest deines Lebens hier herumstehen möchtest.“

„Das ist aber eine Menge Bedeutung für ein einzelnes Wort“, stellte Alice nachdenklich fest.

„Wenn ich ein Wort so viel arbeiten lasse“, sagte Humpty Dumpty, „bezahle ich ihm immer etwas mehr.“

„Oh!“, sagte Alice nur. Etwas anderes fiel ihr in ihrer Verwirrung nicht ein.

„Ach, du solltest sie sehen, wenn sie samstagsabends bei mir vorbeikommen“, erzählte Humpty Dumpty weiter und wiegte den Kopf hin und her, „um ihre Löhne abzuholen.“

(Alice wagte nicht zu fragen, womit er sie bezahlte, also kann ich es dir leider auch nicht sagen.)

„Sie scheinen sich wirklich sehr gut mit Wörtern auszukennen, Sir“, sagte Alice. „Können Sie mir vielleicht erklären, was das Gedicht ‚Jabberwocky' bedeutet?"

„Lass einmal hören", sagte Humpty Dumpty. „Ich kann jedes Gedicht erklären, das je gedichtet wurde – und eine ganze Reihe von denen, die noch nicht gedichtet wurden, obendrein."

„Schon zwimmrig war's und flichte Huschen
karusten und drillten im Gestück.
Gar zuppig zwischen Fieselfuschen,
und fevauste Grumpen bifften zurück."

„Das reicht für den Anfang", unterbrach sie Humpty Dumpty. „Da haben wir schon eine ganze Reihe schwieriger Wörter. ‚*Zwimmrig*' ist die Zeit zwischen Mittagsschlaf und Dämmerung – so gegen vier."

„Ach, ja, das könnte sein", sagte Alice. „Und ‚*flicht*'?"

„Nun, ‚flicht' heißt so viel wie ‚flink und leicht'. ‚Leicht' ist hier das Gleiche wie lebhaft. Siehst du, es ist wie bei einem Koffer – zwei Bedeutungen werden in ein Wort gepackt."

„Ich verstehe", bemerkte Alice nachdenklich. „Und was sind ‚*Huschen*'?"

„‚*Huschen*‘ sind so etwas Ähnliches wie Dachse – gemischt mit Eidechsen – und Korkenziehern.“

„Das müssen ja äußerst seltsame Wesen sein.“

„O ja, das sind sie“, sagte Humpty Dumpty. „Sie bauen ihre Nester unter Sonnenuhren. Und sie ernähren sich von Käse.“

„Und was heißt ‚*karusen*‘ und ‚*drillen*‘?“

„‚*Karusen*‘ heißt sich im Kreis drehen wie ein Karussell. ‚*Drillen*‘ bedeutet Löcher graben wie ein Drillbohrer.“

„Und das ‚*Gestück*‘ ist dann sicher das Feld rund um eine Sonnenuhr, oder?“, sagte Alice, überrascht von ihrem eigenen Scharfsinn.

„Selbstverständlich. Es heißt ‚*Gestück*‘, weil es ein ganzes Stück vor dem Zeiger beginnt und ein ganzes Stück dahinter endet –“

„Und links und rechts jeweils noch ein Stück weitergeht“, fügte Alice hinzu.

„Genau das. ‚*Zuppig*‘ heißt ‚zerschlissen und struppig‘ (hier hast du noch ein Kofferwort). Ein ‚*Fieselfusch*‘ ist ein magerer, unansehnlicher Vogel mit einem Gefieder, das rundherum absteht, als wäre er ein lebendiger Staubwedel.“

„Und die ‚*fevausen Grumpen*‘?“, fragte Alice. „Ich fürchte, ich verlange doch zu viel von Ihnen.“

„Nun, ein ‚*Grump*‘ ist eine Art grünes Schwein. Was ‚*fevause*‘ betrifft, bin ich nicht ganz sicher. Ich glaube, es ist die Kurzform für ‚fern von zu Hause‘, bedeutet also, dass sie sich verlaufen haben, weißt du?“

„Und was heißt ‚*bifften*‘?“

„‚*Biffen*‘ ist eine Mischung aus Bellen und Pfeifen mit einer Art Niesen dazwischen. Vielleicht wirst du es irgendwann einmal hören – in dem Wald dort –, und wenn du es einmal gehört hast, weißt du einigermaßen Bescheid. Wer hat dir denn all dieses schwierige Zeug beigebracht?“

„Das habe ich in einem Buch gelesen“, sagte Alice.

Carrol, Lewis: Alice hinter den Spiegeln. Mit Illustrationen von Robert Ingpen. Aus dem Englischen von Gundula Müller-Wallraf. München: Knesebeck Verlag 2015, S. 109 – 112

Brüder Grimm
Rumpelstilzchen

Es war einmal ein Müller, der war arm, aber er hatte eine schöne Tochter. Nun traf es sich, dass er mit dem König zu sprechen kam, und um sich ein Ansehen zu geben, sagte er zu ihm: „Ich habe eine Tochter, die kann Stroh zu Gold spinnen." Der König sprach zum Müller: „Wenn deine Tochter so geschickt ist, so bring sie morgen in mein Schloss, da will ich sie auf die Probe stellen."

Als nun das Mädchen zu ihm gebracht ward, führte er es in eine Kammer, die ganz voll Stroh lag, gab ihr Rad und Haspel[1] und sprach: „Jetzt mach dich an die Arbeit, und wenn du diese Nacht durch bis morgen früh dieses Stroh nicht zu Gold versponnen hast, so musst du sterben." Darauf schloss er die Kammer selbst zu und das Mädchen blieb darin allein zurück.

Da saß nun die arme Müllerstochter und wusste um ihr Leben keinen Rat, sie verstand gar nichts davon, wie man Stroh zu Gold spinnen konnte, und ihre

[1] Haspel: Vorrichtung zum Auf- und Abwickeln der gesponnenen Fäden

Angst ward immer größer, dass sie endlich zu weinen anfing. Da ging auf einmal die Türe auf und trat ein kleines Männchen herein und sprach: „Guten Abend, Jungfer Müllerin, warum weint sie so sehr?“ Sprach das Mädchen: „Ach, ich soll Stroh zu Gold spinnen und verstehe das nicht.“

Sprach das Männchen: „Was gibst du mir, wenn ich dir’s spinne?“ Sagte das Mädchen: „Mein Halsband.“ Das Männchen nahm das Halsband, setzte

sich vor das Rädchen und – schnurr, schnurr, schnurr – dreimal gezogen und die Spule war voll. Dann steckte es eine andere auf und – schnurr, schnurr, schnurr – dreimal gezogen, war die zweite voll, und so ging das fort bis zum Morgen, da war alles Stroh versponnen, und alle Spulen waren voll Gold.

Bei Sonnenaufgang schon kam der König und als er das Gold erblickte, staunte er und freute sich, aber sein Herz ward nur noch goldgieriger. Er ließ die Müllerstochter in eine andere Kammer voll Stroh bringen, die noch viel größer war, und befahl ihr, das auch in einer Nacht zu spinnen, wenn ihr das Leben lieb wäre. Das Mädchen wusste sich nicht mehr zu helfen, da ging abermals die Türe auf, und das kleine Männchen erschien und sprach: „Was gibst du mir, wenn ich dir das Stroh zu Gold spinne?“ „Meinen Ring von dem Finger.“ Das Männchen nahm den Ring, fing an zu schnurren mit dem Rade und hatte bis zum Morgen alles Stroh zu glänzendem Gold gesponnen.

Der König freute sich über die Maßen bei dem Anblick, war aber noch immer nicht des Goldes satt, sondern ließ die Müllerstochter in eine noch größere Kammer voll Stroh bringen und sprach: „Die musst du noch in dieser Nacht verspinnen, gelingt es dir aber, so sollst du meine Gemahlin werden.“ Wenn’s auch eine Müllerstochter ist, dachte er, eine reichere Frau finde ich in der ganzen Welt nicht. Als das Mädchen allein war, kam das Männchen zum dritten Mal wieder und sprach: „Was gibst du mir, wenn ich dir noch diesmal das Stroh zu Gold spinne?“ „Ich habe nichts mehr, was ich dir geben könnte“, antwortete das Mädchen. „So versprich mir, wenn du Königin wirst, dein erstes Kind.“ „Wer weiß, wie das noch geht“, dachte die Müllerstochter und wusste sich auch in der Not nicht anders zu helfen; sie versprach also dem Männchen, was es verlangte, und das Männchen spann dafür noch einmal das Stroh zu Gold. Und als am Morgen der König kam und alles fand, wie er gewünscht hatte, so hielt er Hochzeit mit ihr, und die schöne Müllerstochter ward eine Königin.

Über ein Jahr brachte sie ein schönes Kind zur Welt und dachte gar nicht mehr an das Männchen, da trat es plötzlich in ihre Kammer und sprach: „Nun gib mir, was du versprochen hast.“ Die Königin erschrak und bot dem Männchen alle Reichtümer des

Königreichs an, wenn es ihr das Kind lassen wollte, aber das Männchen sprach: „Nein, etwas Lebendes ist mir lieber als alle Schätze der Welt.“ Da fing die Königin so an zu jammern und zu weinen, dass das Männchen Mitleid mit ihr hatte: „Drei Tage will ich dir Zeit lassen, wenn du bis dahin meinen Namen weißt, so sollst du dein Kind behalten.“

Nun besann sich die Königin die ganze Nacht über auf alle Namen, die sie jemals gehört hatte, und schickte einen Boten über Land, der sollte sich erkundigen weit und breit, was es sonst noch für Namen gäbe. Als am anderen Tag das Männchen kam, fing sie an mit: „Kaspar, Melchior, Balthazar“ und sagte alle Namen, die sie wusste, nach der Reihe her, aber das Männchen sprach: „So heiß ich nicht.“

Den zweiten Tag ließ sie in der Nachbarschaft herumfragen, wie die Leute da genannt würden, und sagte dem Männchen die ungewöhnlichsten Namen. „Heißt du vielleicht Rippenbiest oder Hammelswade oder Schnürbein?“ Aber es antwortete immer: „So heiß ich nicht.“

Den dritten Tag kam der Bote wieder zurück und erzählte: „Neue Namen habe ich keinen einzigen finden können, aber wie ich an einem hohen Berg

um die Waldecke kam, so sah ich da ein kleines Haus, und vor dem Haus brannte ein Feuer, und um das Feuer sprang ein gar zu lächerliches Männchen, hüpfte auf einem Bein und schrie: „Heute back' ich, morgen brau' ich, übermorgen hol' ich der Königin ihr Kind. Ach, wie gut, dass niemand weiß, dass ich Rumpelstilzchen heiß!"

Da könnt ihr denken, wie die Königin froh war, als sie den Namen hörte, und als bald hernach das

Männchen hereintrat und fragte: „Nun, Frau Königin, wie heiß ich?“ Fragte sie erst: „Heißt du Kunz?“ „Nein!“ „Heißt du Hinz?“ „Nein!“ „Heißt du vielleicht Rumpelstilzchen?“ „Das hat dir der Teufel gesagt, das hat dir der Teufel gesagt!“, schrie das Männchen und stieß mit dem rechten Fuß vor Zorn so tief in die Erde, dass es bis an den Leib hineinfuhr, dann packte es in seiner Wut den linken Fuß mit beiden Händen und riss sich selbst mitten entzwei.

Brüder Grimm: Kinder- und Hausmärchen. Gesamtausgabe in 3 Bänden mit Originalanmerkungen von Heinz Röllecke. Ditzingen: Reclam 2001, S. 285–288

4. Grammatische Begriffe

Im Folgenden sind grammatische Fachbegriffe alphabetisch aufgelistet. Einige davon – nicht alle – spielen in der Erzählung von Hans Joachim Schädlich eine wichtige Rolle.

Fachbegriff	deutsches Wort
Adjektiv	Eigenschaftswort Wie-Wort
Adverb	Umstandswort
Artikel	Begleiter

Erklärung	**Beispiele**
Mit Adjektiven gibt man die Eigenschaften von Dingen, Lebewesen, Pflanzen und Vorstellungen wieder. Mit ihnen kann auch eine Tätigkeit, ein Vorgang oder ein Zustand näher gekennzeichnet werden.	• schön, stark, klug • ein **spannendes** Buch • Paul verhält sich **naiv**.
Adverbien geben die näheren Umstände eines Sachverhalts bzw. eines Geschehens an. Es gibt z. B. Adverbien der Zeit, des Ortes, der Art und Weise und des Grundes. Im Gegensatz zu Adjektiven verändern sie im Satzzusammenhang ihre Form nicht.	• bald, oben, leider • Vielolog erwartet Paul **dort**.
Artikel sind die Begleiter des Nomens/Substantivs. Es gibt **bestimmte** (der, die das) und **unbestimmte** Artikel (ein, eine). Man erkennt an ihnen das grammatische Geschlecht (Genus) eines Nomens/Substantivs.	• **der** Vertrag • **ein** Vertrag • **die** Idee • **eine** Idee • **das** Versprechen • **ein** Versprechen

Fachbegriff	deutsches Wort
Interjektion	Ausrufewort
Konjunktion	Verbindungswort
Laut Man unterscheidet folgende Laute: • *Vokal* • *Diphthong* • *Konsonant*	Laut Selbstlaut Doppellaut/Zwielaut Mitlaut

Erklärung	Beispiele
Interjektionen sind Ausrufewörter.	• Ach! • Pfui! • Aua!
Konjunktionen verbinden Wörter, Wortgruppen oder Sätze. Sie sind unveränderlich.	• und, oder, als, weil • Paul **und** Vielolog schließen einen Vertrag.
Die kleinsten Bestandteile eines Wortes sind die Buchstaben, die man auch Laute nennt.	
Einige der Buchstaben stehen für Vokale. Sie können ohne Zuhilfenahme eines anderen Lauts gesprochen werden. Zu den Vokalen gehören auch die sogenannten **Umlaute** ä, ö und ü.	• a, e, i, o, u • ä, ö, ü • V**e**rtr**a**g • K**ä**stchen • L**ö**sung
Diphthonge können ebenfalls ohne Zuhilfenahme eines weiteren Lauts gesprochen werden. Sie werden aus zwei Vokalen gebildet: au, äu, eu, ei, ai.	• H**au**saufgabe • M**äu**se • n**eu**lich • Z**ei**le • M**ai**n
Als Konsonanten bezeichnet man die Buchstaben, die nur unter Zuhilfenahme eines Vokals ausgesprochen werden können: b = be, m = em, p = pe.	• b, c, d, f, g, h … • **R**e**g**e**n** • **D**i**r**e**kt**o**r**

Fachbegriff	**deutsches Wort**
• *Silbe*	(Sprech-)Silbe
Nomen/Substantiv	Namenwort, Hauptwort
Numerale	Zahlwort
Präposition	Verhältniswort
Pronomen Wichtige Pronomen sind: • *Personalpronomen* • *Possessivpronomen* • *Demonstrativpronomen*	Fürwort persönliches Fürwort besitzanzeigendes Fürwort hinweisendes Fürwort

Erklärung	**Beispiele**
Silben setzen sich aus unterschiedlichen Lauten zusammen. Sie ergeben sich aus dem natürlichen Sprechfluss. Silben müssen immer auch einen Vokal enthalten.	• Se-kun-de • sprach-los • Sprach-ab-schnei-der
Nomen/Substantive bezeichnen Dinge, Lebewesen, Pflanzen und Vorstellungen.	• Kind • Tisch • Freiheit
Mit Numeralien kann man Mengen zählen und Strecken, Räume und Zeiten messen.	• zwei, • hundert • der **erste** Platz
Präpositionen bezeichnen Verhältnisse, z. B. räumliche oder zeitliche.	• mit, neben, für, in • Paul trifft Bruno **vor** den Tierkäfigen.
Pronomen können für ein Nomen/Substantiv stehen oder es begleiten. *Personalpronomen* heißen Fürwörter, weil sie an die Stelle eines Nomens/Substantivs treten können. Mit *Possessivpronomen* zeigst du einen Besitz oder eine Zugehörigkeit an. Mit *Demonstrativpronomen* wird auf eine Person, einen Gegenstand oder einen Sachverhalt hingewiesen.	• der Vertrag – **er** • die Idee – **sie** • das Eintrittsgeld – **es** • **meine** Schultasche • **unsere** Lehrerin • Paul sucht **seinen** Einkaufszettel. • dieser, diese, dieses • jener, jene, jenes • Paul ging **diese** Begegnung noch lange durch den Kopf.

Fachbegriff	deutsches Wort
Verb	Tätigkeitswort, Tu-Wort

Erklärung	Beispiele
Mit Verben werden Tätigkeiten, Vorgänge oder Zustände wiedergegeben.	• Paul **unterschreibt** den Vertrag. • Dieser **liegt** auf dem Tisch.
Die **Grundform** eines Verbs nennt man **Infinitiv**. In dieser Form steht ein Verb z. B. im Wörterbuch. Man erkennt sie an der Endung -en.	• lauf**en** • les**en** • sing**en**
Im Satzzusammenhang verändert sich diese Grundform. An den Endungen des Verbs kann man erkennen, ob der Sprechende, der Angesprochene oder die Person bzw. das Lebewesen oder die Sache, über die gesprochen wird, gemeint ist. Der Fachausruck dafür ist Personalform. An der **Personalform** erkennt man auch, ob es um eine Person/einen Gegenstand oder um mehrere geht.	• Ich **lese**. • Du **liest**. • Er, sie oder es **liest**. • Wir **lesen**. • Ihr **lest**. • Sie **lesen**.
Außerdem zeigt die Verbform auch an, ob sich das Geschehen in der Vergangenheit, Gegenwart oder Zukunft abspielt. Der Fachausdruck dafür ist **Tempusform** (Zeitform).	• Paul **erzählt**. • Paul **erzählte**. • Paul **hat** alles **erzählt**. • Paul **hatte** alles **erzählt**. • Paul **wird** alles **erzählen**.

5. Tipps für den Unterricht

5.1 Eine Figur charakterisieren

Figuren gestalten ein Autor und eine Autorin mit Bedacht. Sie überlegen sich, wie sie aussehen und wie sie ihre Zeit verbringen. Sie stellen sie in vielfältige Beziehungen zu anderen Menschen. Sie statten sie mit Eigenschaften und Beweggründen aus, die ihr Verhalten verständlich machen.
Wenn man einen Roman oder eine Erzählung in der Schule untersucht, gehört dazu die genaue Beschreibung der Figuren, die man auch Charakterisierung nennt.
Dafür sucht man zunächst Textstellen heraus, die Informationen über die Figur enthalten. Um die Informationen zu ordnen, kann man folgende Aspekte nutzen:

Äußere Merkmale
Zu den äußeren Merkmalen gehören zunächst einmal Name und Alter der Figur. Man sammelt Informationen über das Aussehen und die Kleidung, die sie bevorzugt trägt. Ist sie gepflegt oder verwahr-

lost? Ist der literarischen Figur das Äußere wichtig? Fast immer kann man auch über den Beruf und die damit verbundene soziale Stellung Angaben finden. Manchmal kann es auch dabei helfen, eine Figur zu verstehen, wenn man etwas über ihre Herkunft und ihren bisherigen Lebensweg weiß.

Eigenschaften und Verhaltensweisen

Den Kern der Charakterisierung bildet die Beschreibung der typischen Eigenschaften und Verhaltensweisen der Figur. Manche Eigenschaften werden ganz direkt benannt, etwa durch Aussagen, die eine Figur über sich selbst macht, oder durch Aussagen einer anderer Figur oder des Erzählers.

Manchmal kann man Eigenschaften nur indirekt erschließen: Aus dem Verhalten kann der Leser bzw. die Leserin Rückschlüsse auf die Eigenschaften ziehen. Daraus können auch die Beweggründe und Ziele hervorgehen, die eine Figur verfolgt und die sie zum Handeln antreiben.

Aufschluss gibt darüber hinaus auch die Sprache und Sprechweise einer Figur. Spricht sie umgangssprachlich oder gehobene Sprache, die man auch Hochsprache nennt? Kennt sie viele Fremdwörter?

Spricht sie mit allen Menschen gleich oder macht sie Unterschiede bei verschiedenen Figurengruppen?

Beziehungen

Eine literarische Figur (z. B. aus einem Roman) hat in der Regel vielfältige Kontakte zu anderen Figuren. Aufschluss über eine solche Figur geben daher auch ihre Beziehungen zu anderen: Mit wem versteht sie sich gut, mit wem ist sie befreundet? Hat sie auch einen Widersacher oder sogar Feind? Wie verhält sie sich anderen Menschen gegenüber?

Die Form der Charakterisierung

Die Informationen über eine Figur kann man auf unterschiedliche Weise sammeln. Man kann eine Tabelle erstellen, in die die Aspekte eingetragen werden, oder eine Mindmap anlegen.
Wenn die Ergebnisse in einem zusammenhängenden Text festgehalten werden sollen, hält man sich an folgende formale Vorgaben:

- Der Text wird durchgehend im Präsens verfasst.

- Die Ergebnisse werden nach Aspekten geordnet. Nach jedem Aspekt folgt ein Absatz.
- Direkte und indirekte Zitate werden als Beleg herangezogen.
- Am Schluss erfolgt eine kurze Zusammenfassung der Ergebnisse.
- Eine persönliche Wertung kann die Charakterisierung abrunden.

5.2 Einen inneren Monolog verfassen

In einer Erzählung legen der Autor und die Autorin fest, was der Leser bzw. die Leserin erfahren soll, indem sie z. B. entscheiden, welche Ereignisse erzählt und aus wessen Sicht sie wiedergegeben werden.

Dabei wird nicht immer deutlich erklärt, welche Gedanken und Gefühle die Figuren haben, um die es geht. Schließlich soll der Leser bzw. die Leserin auch seine bzw. ihre Fantasie benutzen können.

Eine Methode, sich dann selbst die Gedanken und Gefühle einer Figur zu verdeutlichen, ist das Verfassen eines inneren Monologs.

„Monolog“ ist ein anderes Wort für „Selbstgespräch“. Vom „inneren Monolog“ spricht man, wenn die Figur ihre Gedanken nicht laut ausspricht, sondern sie nur denkt. Ein innerer Monolog spielt sich also nur im Kopf einer Figur ab.
In einem inneren Monolog gibst du also die Gedanken und Gefühle einer Figur zu einem bestimmten Zeitpunkt wieder. Interessant ist dieses vor allem deshalb, weil der Autor oder die Autorin dieses nicht getan hat. Zum Beispiel erfährt man nicht, was Vielolog gerade denkt, als er Paul zum ersten Mal anspricht. Diese Gedanken kannst du sicher mit viel Fantasie wiedergeben.
Wenn du einen inneren Monolog für eine Romanfigur schreiben möchtest, überlege zunächst genau, in welcher Situation sie sich befindet und was sie wohl in diesem Moment denkt und fühlt. Schließlich sollen diese Gedanken zur Handlung passen.
Beachte dann folgende Regeln:

- Verfasse den Monolog in der Ich-Form.
- Verwende als Tempus das Präsens.

5.3 Eine Traumerzählung schreiben

Das kennst du bestimmt! Du hast etwas Besonderes erlebt und nachts begegnet dir einiges davon wieder im Traum. Das könnte doch auch Paul passieren. Ähnlich wie bei einem inneren Monolog kannst du wiedergeben, was in dieser Figur im Traum vorgeht und wie dieser Traum abläuft. Das Besondere an einer Traumerzählung ist, dass Dinge passieren können, die in der Wirklichkeit nicht möglich sind. Gegenstände können sprechen, eine Figur versucht zu fliehen, kann sich jedoch nur in Zeitlupe fortbewegen, merkwürdige Personen tauchen auf usw. Alles hat irgendwie mit der Wirklichkeit zu tun, aber das, was im Traum geschieht und wie es geschieht, würde so in der Realität nicht passieren. Mancher ist darüber froh, wenn er aufwacht. Beachte folgende Tipps für deine Traumerzählung:

- Lass sie noch in der Wirklichkeit beginnen.
- Wähle Teile aus einem tatsächlichen Geschehen aus und kombiniere sie neu.
- Lass Dinge passieren, die sich so nicht in der Realität ereignen können.
- Mach auch deutlich, wie sich der Träumende dabei fühlt.
- Lass deine Traumerzählung am Schluss wiederum in der Realität enden.
- Die sprachliche Gestaltung sollte sich am Trauminhalt orientieren. Anfang und Schluss sollten wie bei einer Erlebniserzählung geschrieben werden, aber bei der Wiedergabe des Traums hast du freie Hand (Ausrufe, Kurzsätze, abgebrochene Sätze usw.).

5.4 Ein Standbild bauen

Definition

Der Begriff „Standbild“ kommt aus der Filmsprache. Für ein Standbild wird der Film angehalten, man erhält eine Momentaufnahme, die man sich genau ansehen kann.

Im Literaturunterricht nutzt man das Standbild, um die Beziehungen von Romanfiguren zu veranschaulichen. Durch die Anordnung der Personen kann man erkennen, ob die Figuren sich nahestehen oder nicht, ob sie sich mögen oder verabscheuen etc. Wenn es um mehrere Figuren geht, kann man auch die sogenannte „Figurenkonstellation“ näher beleuchten, also das Beziehungsgeflecht in

einem Roman. Welche Figuren gehören zusammen, was verbindet sie miteinander, welche stehen außen vor etc.
Es geht nicht darum, wie in einem Rollenspiel darzustellen, was passiert. Das Standbild ist eher etwas Symbolisches. Es zeigt nicht die Ereignisse und Handlungen, sondern das, was unsichtbar dahintersteckt: die Gefühle der Figuren, ihre Beziehungen, die Atmosphäre.

Vorgehensweise

1. Lest die Textstelle, um die es geht, gründlich durch. Markiert, was man über die Figuren erfährt, deren Beziehungen ihr darstellen sollt.

2. Besprecht die markierten Textstellen. Macht euch eventuell Stichpunkte zu der Beziehung der Figuren.

3. Überlegt nun, wie ihr die Beziehung darstellen könnt. Nutzt dafür:
   - die Entfernung der Personen zueinander,
   - die Blickrichtung,
   - die Zugewandtheit oder Abgewandtheit des Körpers,

- die Körperhaltung (Arme, Beine, Kopfdrehung),
- den Gesichtsausdruck,
- evtl. Requisiten.

4. Entscheidet, wer wen darstellen soll. Dabei können auch Mädchen Jungen darstellen und umgekehrt. Versucht aber, die Rollen so zu verteilen, dass die Körpergröße in etwa stimmt.

5. Baut das Standbild. Probiert verschiedene Varianten aus, bis ihr zufrieden seid.

6. Lasst das Standbild fotografieren.

7. Verfasst einen kurzen Text, in dem ihr erklärt, was ihr euch beim Bau eures Standbildes gedacht habt. Begründet dabei eure Entscheidungen.

Bildnachweis

|akg-images GmbH, Berlin: bilwissedition 120, 124; picture-alliance/dpa 64, 66. |Berghahn, Matthias, Bielefeld: 74, 75. |Kassing, Reinhild, Kassel: 69, 72, 76, 139, 141. |Knesebeck Verlag, München: Lewis Caroll: Alice hinter den Spiegeln 105. |Picture-Alliance GmbH, Frankfurt a.M.: dpa/ Zucchi, Uwe 82. |Rowohlt Verlag GmbH, Hamburg: aus: Der Sprachabschneider von Hans Joachim Schädlich mit Zeichnungen von Amelie Glienke, Copyright © 1980 by Rowohlt Verlag GmbH 4, 7, 10, 13, 16, 19, 23, 25, 25, 29, 32, 35, 39, 42, 43, 46, 47, 48, 50, 53, 55, 56. |stock.adobe.com, Dublin: Müller, Ralf 77. |Süddeutsche Zeitung - Photo, München: AP/dpa/picture alliance 61. |ullstein bild, Berlin: Friedrich, Brigitte 58. |Verlag Friedrich Oetinger GmbH, Hamburg: James Krüss: Timm Thaler oder das verkaufte Lachen 90.